Necknamen der Saar und drum herum

edition Karlsberg

Hempel Verlag

edition Karlsberg

Herausgegeben von
Alfred Diwersy
Joachim Hempel
und Robert Hess

NECKNAMEN DER SAAR
und drum herum

Edith Braun

Illustrationen von Christoph Jakobs

VORWORT

Liebe Leser und Freunde der Mundart,

die Entstehungsgeschichte dieses Buches verdient einen besonderen Hinweis – den Hinweis auf ein erfolgreiches Projekt von SR 3 Saarlandwelle, dem populären regionalen Hörfunkprogramm des Saarländischen Rundfunks. Gemeint ist die „Mundart-Werkstatt" der Saarlandwelle, ein an thematischen Vorgaben orientierter kontinuierlicher Dialog mit den Hörern innerhalb der auf Mundartprogramm spezialisierten Sendungen „Mundartabend" (Montag, 20.05 bis 22.30 Uhr) und „Frohes Wochenende" (Samstag, 15.05 bis 17.00 Uhr) mit dem Ziel, unterhaltsame und zugleich wichtige Beiträge zur Erforschung und Pflege der Mundarten im Saarland und seinen Nachbarregionen zu leisten.

Eine Sammlung von Necknamen möglichst vieler Orte der Region bzw. ihrer Bewohner einschließlich der zugehörigen Neckverse und Anekdoten – eine Arbeit, die für andere deutsche Regionen schon geleistet ist – war die erste selbstgestellte Aufgabe der „Mundart-Werkstatt" nach ihrer Gründung im Sommer 1990. Die Aufforderung zur Mitarbeit, die alsbald an die Hörer der Saarlandwelle erging, fand ein Echo, das sogar die hochgesteckten Erwartungen der Redaktion und der fachkundigen „Werkstatt"-Leiterin Edith Braun noch übertraf. War das Startzeichen zum Anruf im Studio erst einmal gegeben, reichte die zur Verfügung stehende Sendezeit nie aus, um alle mitteilungsfreudigen Mundartfreunde zu Wort kommen zu lassen. Lange nach dem Ende der aktuellen Sendungen konnte die „Werkstatt"-Leiterin immer noch auflaufende Telefonbeiträge in einem Produktionsstudio entgegennehmen und aufzeichnen lassen. In den Sendungen selbst entwickelten sich regelmäßig spannende Kommunikationsprozesse. Man reagierte spontan auf die Aussagen anderer Hörer, bestätigte, widersprach oder ergänzte deren Information.

Das Interesse war groß genug, die Teilnahme so lebhaft, daß die Hörer angesichts der ja eher hochsprachlichen Autorität „Rundfunk" über ihren Schatten springen konnten und – wie gewünscht – zunehmend in ihrer Muttersprache, in ihrem jeweiligen Dialekt Stellung bezogen.

Bestätigt wurde die spürbare Begeisterung für das Konzept und die Themen der „Mundart-Werkstatt" auch bei den verschiedenen „Mundart-Treffs", die von Karlsberg Kultursponsoring, der Ottweiler Druckerei und dem Saarländischen Rundfunk im Saarland und in der Pfalz veranstaltet worden sind. Die Besucherzahlen, der Beifall bei den Lesungen bekannter Mundartautoren, die Beteiligung an den ausführlichen „Werkstatt"-Gesprächen belegen dies.

Kein Wunder also, daß die Materialsammlung zu den Necknamen im Saarland und seinen Nachbarregionen von Anfang an sehr rasch gewachsen ist. Bis zuletzt, als die Sammlung weitgehend abgeschlossen schien, kaum noch Neues zu erwarten war, wurde die Spannung durch Überraschungen aufrechterhalten: es gab völlig neue

Informationen oder auch Ergänzungen wie z.B. weitere Varianten bei den Anekdoten um die Entstehung einzelner Necknamen. So bleibt diese Sammlung, die eine Fülle volkskundlichen und zugleich volkstümlichen Materials ausbreitet, dennoch offen für Nachträge aller Art.

Natürlich bedurfte das gesamte Schrift- und Tonband-Material der fachkundigen Betreuung, Bewertung, Ordnung und Ausarbeitung. Das hat in zahlreichen Sendungen der Saarlandwelle, das hat vor allem mit diesem Buch Edith Braun getan, Erfinderin und Leiterin der „Mundart-Werkstatt".

Meine Aufgabe aber ist es an dieser Stelle, für den Saarländischen Rundfunk all den Hörern Dank zu sagen, die sich an der „Mundart-Werkstatt" der Saarlandwelle beteiligt haben und mit ihren Anrufen und Briefen, mit ihrem Wissen und ihrer Muttersprache zu spannenden Unterhaltungssendungen und zum Gelingen dieses Buches wesentlich beigetragen haben.

Lutz Hahn
Redakteur U-Wort
Saarländischer Rundfunk

Das Werkstatt-Team bei der Arbeit im Sendestudio des SR
Edith Braun, Manfred Spoo, Lutz Hahn

EINLEITUNG

Necknamen, auch Spitznamen oder Uznamen genannt, sind scherzhafte oder spöttische Beinamen, die wahrscheinlich ersonnen werden aus dem Glauben heraus, daß das Wesen eines Menschen identisch ist mit seinem Namen. Es soll schon im Altertum Necknamen gegeben haben; wie wir sehen werden, reichen sie fort bis in unsere Zeit. Es gibt Necknamen für Völker und Staaten (Der deutsche Michel = Deutschland, Der russische Bär = Rußland, Uncle Sam = U.S.A.); es gibt Necknamen für Volksstämme (Pfälzer Krischer = Pfälzer, Waggese = Lothringer); es gibt sie für Städte (Spree-Athen = Berlin, Elb-Florenz = Dresden), für Ortschaften (Rehböcke = Bischmisheim), für Berufsgruppen (Sesselfurzer = Beamte) und für Personen (Spitzbart = Ulbricht).

Alle Necknamen verdanken ihre Entstehung irgendwelchen besonderen Merkmalen, die man ihren Trägern nachsagt. Im Folgenden werden die wichtigsten Merkmale aufgeführt, die zur Entstehung von Ortsnecknamen führen. Dabei fällt auf, daß sehr gern Tiere oder Pflanzen zum Vergleich herangezogen werden.

Lage und Bodenbeschaffenheit eines Ortes:
In sandigen Gebieten wohnen die Sandhasen (Altstadt, Blickweiler u.a.) In Flußniederungen sind die Wasserhühner (Rehlingen) und Frösche (Mettlach) zu Hause.

Vegetation:
Wo viel Kohl angebaut wird, gibt es die Kappesköpfe

(Güdingen, Lisdorf u.a.), und wo viel Bohnen wachsen, leben die Bohnenstangen (Lautzkirchen, Lauterecken).

Lokale Berühmtheiten:
Manche Orte erhalten ihren Necknamen von einem 'großen' Mann, der dort gelebt hat. So sind die Bouser die 'Hampidden' nach einem gewissen Hanspeter.

Körperliche Merkmale der Bewohner:
Zu dieser eher kleinen Gruppe gehören die Quierschieder 'Wampen' (Dickwänste), die wohl besonders dicke Bäuche gehabt haben müssen, ferner die Marpinger 'Mòòrde' (Gelbrüben), weil es dort viel Rothaarige gegeben haben soll.

Geistige Merkmale der Bewohner:
Hierher gehören die vielen Dickköpfe und Hitzköpfe (Pachtener 'Gluddskäbb', Gennweiler Zunderlappen u.a.), sowie die vielen Angeber (Tholeyer Wind) und Messerhelden (Düppenweiler).

Kleidung:
Ihrer auffälligen Kleidung wegen wurden die Freisener als 'Fraesemer Blesse' bezeichnet, und die Einwohner von St. Johann waren die 'Sanggehanner Schbrääwe' (St. Johanner Stare), weil sie sonntags in Gehröcken (wie Stare) einherstolzierten.

Tätigkeiten der Bewohner:
Berufliche oder andere Tätigkeiten führten leicht zu einem Necknamen. So waren die Bierbacher 'Die Kärbscher' (Körbchen), weil es dort viele Korbmacher gab.

Die arme Bevölkerung von Lautzkirchen sammelte im ganzen Bliestal Lumpen; daher der Neckname 'Laudskärjer Lumbesammler'.

Hierher gehören auch bestimmte Eßgewohnheiten:
Die Rohrbacher sind als Liebhaber von 'Schdambes' (Kartoffelpüree) weit und breit als 'Schdambese' bekannt, ferner gibt es die 'Waffeln' (Mühlbach, Urexweiler) und auch die 'Brotkuchen' (Scheidt).

Geschichtliche Begebenheiten:
Sie können wahr oder erdichtet sein. In St. Wendel, das früher einmal zu Coburg gehörte, leben bis heute die 'Kooburjer'. Die Oberwürzbacher sollen den Bau der Eisenbahn abgelehnt haben mit dem Hinweis, sie hätten ja ihre Maulesel als Transportmittel; deshalb sind sie die 'Würzbacher Maulesel'.

Stadt-Land-Gegensatz:
Hier können die städtischen 'Blaschderschisser' genannt werden — Bezeichnungen für Ottweiler, Homburg u.a., wo es im Gegensatz zu den dörflichen Gemeinden gepflasterte Straßen gab.

Religiöse Besonderheiten:
Die konfessionelle Zugehörigkeit spielte früher eine große Rolle und führte zu Spottnamen wie 'Schdrawweler' (Strampler). Als solche bezeichnete man die Lutheraner — eine relativ kleine konfessionelle Minderheit.

Lautliche Besonderheiten:
Zu dieser großen Gruppe von Spottnamen gehören Aus-

drücke wie 'Die Lòòhei'. Das ist die Gegend, wo man 'lòò' (da, dort) sagt im Gegensatz zu 'dòò'. Hierzu gehören auch die Böckweiler 'Laaleläscher' (Ladenlöcher).

Sprachspielereien:
Gelegentlich werden auch Ortsnamen humoristisch 'übersetzt' oder verballhornt. Altenkessel wird zu 'Alde-dibbe' (Dibbe = Topf), Düppenweiler wird zu 'Tobf-schdadd', St. Ingbert zu Schdinggberd.

Es bleiben jedoch noch viele Ortsnecknamen, deren Herkunft dunkel ist oder allenfalls nur vermutet werden kann. So gibt es als Erklärung für die 'Saarluier Buuleen' (Saarlouiser Buulees) zwar einige Vermutungen, sie befriedigen aber nicht sehr.

Es gibt zahlreiche Bücher mit Ortsnecknamen der verschiedenen deutschen Sprachlandschaften (Bayern, Franken, Schwaben u.a.). Ein Blick auf ihre Titel zeigt, daß die Autoren ihr Thema vorwiegend von der humoristischen Seite betrachten. Aber sind solche Ortsnecknamen wirklich nur heitere Folklore? Im Vorwort zu seinem Buch 'Schwäbischer Volkshumor in Stadt und Land, von Ort zu Ort' schreibt Hugo Moser: 'Es ist eine uralte Wahrheit, daß zu jeder Gemeinschaft auch das Necken und als dessen verdichtete Form die Necknamen gehören. Sie sind nicht nur hübsche Beispiele heiterer „Volkspoesie", von Spaßvögeln und Dichtern vor allem der Grundschicht geschaffen, humorvoll-witzige Zwiesprache des Volkes, sondern auch Ausdruck eines lebendigen Gruppenempfindens, Zeichen eines gesunden Zusammengehörigkeitsgefühls, Abwehrmittel gegen Fremdes.' Zwar

13

nennt Moser die heitere Seite der Ortsnecknamen an erster Stelle, aber er sieht in ihnen auch die Abwehr einer Gruppe gegen Fremdes. In der heutigen Zeit überwiegt sicherlich das folkloristische Element; das zeigt sich darin, daß manche Dörfer ihren Necknamen ein Denkmal setzen (z.B. die Haaseler Guggugge = die Hasseler Kuckukke) und daß viele unserer Karnevalsvereine sich ihre Ortsnecknamen als Maskottchen wählen (z.B. die Ummerscher Saggschisser = Ommersheimer Sackscheißer).

Auf der andern Seite hat es sich bei vielen Telefongesprächen mit den Hörern der Saarlandwelle, mehr aber noch bei meinen Tonbandaufnahmen vor Ort immer wieder gezeigt, wie empfindlich manche Necknamen-Träger auch heute noch reagieren. Das wird auch dem aufmerksamen Leser dieses Buches nicht entgehen.

Ich bin aufgrund dieser Gespräche zu der Überzeugung gekommen, daß es sich bei den Ortsnecknamen ursprünglich keineswegs um eine heitere, sondern um eine außerordentlich ernste Sache gehandelt haben muß. Vielleicht könnte man von einer verbalen Schutzmauer sprechen, die eine Gemeinschaft sich aufbaute, um fremde Eindringlinge und schädliche Einflüsse abzuwehren. Vielleicht kann man die Ortsnecknamen vergleichen mit dem Gezwitscher der Vögel, die sich damit ihr Revier abstecken. Wehe dem Eindringling, der sich trotz der mündlichen 'Verwarnungen' in Form von Necknamen nicht vertreiben ließ! Er mußte sich auf blutige Auseinandersetzungen gefaßt machen. Die Erinnerung daran ist bis auf den heutigen Tag vielerorts lebendig. Bei meinen Umfragen wurden mir von einigen Informanten manche

Necknamen nur hinter vorgehaltener Hand zugeflüstert mit der Bemerkung, das dürfe man aber nicht laut sagen. Ebenso wollte in den Sendungen der Mundart-Werkstatt, die ja live ausgestrahlt wurden, mancher Anrufer anonym bleiben, aus Angst, sich das Mißfallen seiner oder einer anderen Gemeinschaft zuzuziehen.

Auch die Autoren von Büchern über Ortsnecknamen unterlassen es nicht, ihren Lesern zu versichern, daß sie niemanden beleidigen wollten, und bitten darum, sie nicht persönlich zur Rechenschaft zu ziehen. Ich schließe mich dieser Bitte an.

Zu untersuchen wäre aber auch, ob alle Verse, die üblicherweise in den Necknamenbüchern zu finden sind, einstmals ein und dieselbe Funktion hatten oder ob man nicht zwei Arten von Neckversen unterscheiden sollte. Da gibt es zunächst einmal die Spottverse, die ebenso wie die Necknamen einen Abwehrcharakter haben, z.B. „Die ... Wiggewagge mid de digge Aarschbacke". Bei ihnen handelt es sich meist um Wanderverse. Von ganz anderer Art, so scheint mir, sind solche Verse, die einen eher lehrhaften Charakter haben, wie z.B. der Spruch „Weiskirchen –Scheißkirchen/Konfeld –Rabenloch/Thailener Bettelsäcke/Weiersweiler Tischdecke ..." Vielleicht waren solche Verse früher eine Art Heimatkunde, in Zeiten, da es nur für wenige Auserlesene Schulunterricht und Landkarten gegeben hat. In diesen Versen werden nicht nur die Namen der benachbarten Orte genannt, sondern sie geben auch Aufschluß über Bodenbeschaffenheit, geographische Lage, soziale Struktur usw., wobei Reim und Wiederholung nützliche Merkhilfen sind.

Publikationen von Ortsnecknamen für das Saarland hat es bisher nur ansatzweise gegeben. Hin und wieder erschien wohl einmal ein Zeitungsartikel, der sich mit dem Necknamen eines bestimmten Ortes befaßte oder sogar die Necknamen einer engeren Region zusammenstellte. Bekannte Mundartforscher wie Nikolaus Fox und Aloys Lehnert haben über einzelne Necknamen geschrieben, doch fehlte bisher eine umfassende Sammlung. Das vorliegende Buch ist ein Versuch, diesem Mangel abzuhelfen. Daß es als Projekt der SR-Mundartwerkstatt kein wissenschaftliches Werk werden konnte, war von vornherein klar. Jedoch waren wir bemüht, so gewissenhaft wie möglich zu arbeiten.

Zu den Necknamen gehören auch Neckverse und Anekdoten. Fast alle sind sogenannte Wanderverse, die auch in anderen Regionen vorkommen; die Namen der Orte werden jeweils entsprechend verändert. Im Gegensatz zu andern uns bekannten Necknamenbüchern sind in dem unsrigen zu einigen Orten Verse von Mundartautoren veröffentlicht, die sie uns freundlicherweise überlassen haben.

Unser Material entstammt dem eigenen Wissen sowie dem Wissen und Erinnern unserer Informanten. Zu diesen Informanten gehören Verwandte, Freunde und Bekannte sowie ungezählte Hörer der Saarlandwelle diesseits und jenseits der Landesgrenzen. Nur vereinzelt wurde auch auf schriftliche Quellen zurückgegriffen; diese sind jeweils angegeben.

Necknamen entfalten ihren ganzen Reiz erst, wenn sie in

ihrer jeweiligen Mundart gehört werden. Wir versuchen daher, sie in ihren mundartlichen Formen wiederzugeben. Und nicht nur die Necknamen, sondern auch die Ortschaften sind in ihrer Mundartform verzeichnet. Darüber hinaus werden auch die mundartlichen Mitteilungen der Informanten so lautgetreu wie möglich wiedergegeben (mit Übersetzung).

Wir begannen unsere Arbeit mit einer Liste der saarländischen Dörfer und Städte. Die Aufnahme von Orten jenseits der Landesgrenze war mehr oder weniger vom Zufall, d.h. von eingegangenen Anrufen im Studio und Informationen auf Mundart-Treffs abhängig.

Die drei Länder – Saarland, Rheinland-Pfalz und Lothringen – sind jeweils gesondert aufgeführt. In alphabetischer Anordnung wird folgendermaßen notiert:

1. Schriftsprachliche und mundartliche Form des Ortsnamens sowie evtl. scherzhafter Name
   z.B. BISCHMISHEIM – BISCHMISSE
   REHBOGGSHAUSE (scherzhaft)
2. Eventuelle Angaben zur Verwendung der Ortsnamen im Satz
   z.B. Uff die Hanggaard gehn (Nach Hangard gehen)
3. Necknamen
   z.B. Die Haaseler Guggugge
   (Die Hasseler Kuckucke)
4. Erklärungen zu den Necknamen
5. Neckverse
6. Anekdoten
7. Redewendungen und Merksätze

Zur Verschriftung:

Soweit es zu den einzelnen Mundarten Wörterbücher mit einer geregelten Orthographie gibt, werden sie bei der Verschriftung zugrunde gelegt. Im übrigen wurden die Angaben der Informanten möglichst lautgetreu wiedergegeben; das bedeutet, daß auch viel Umgangssprachliches (mundartlich beeinflußte Schriftsprache oder schriftsprachlich beeinflußte Mundart) zu finden ist.

Die aus Werken anderer Autoren übernommenen Wörter und Texte werden in der Verschriftung dieser Autoren wiedergegeben.

Zeichenerklärungen:

Ein Fragezeichen (?) bedeutet, daß keine oder nur unbefriedigende Erklärungen zu den Angaben vorliegen.
Ein Strich unter Selbstlauten gibt an, daß das Wort auf dieser Silbe betont wird. Hinter den Mundartwörtern und Texten folgt in Klammern die Übersetzung in Schriftsprache.

Lautschrift:

Der im IPA mit [æ] umschriebene Laut wird in der mundartlichen Version des Textes mit AE, ae wiedergegeben. Für das in einigen Mundarten vorkommende betonte Schwa, das im IPA mit [ə] wiedergegeben wird, verwenden wir ë. Für das lange offene o, das in der deutschen Schriftsprache nicht vorkommt, schreiben wir ein òò oder òh (je nach der deutschen Orthographie).

Unser Bestreben war es, festzuhalten, welche Ortsnecknamen, Neckverse und Anekdoten im Volk noch lebendig sind. Angaben über die Geschichte der Orte, Landschaften u.ä. sollen nur knappe Hintergrundinformationen sein. Näheres findet der Leser in den Chroniken der einzelnen Gemeinden.

Wir konnten natürlich nicht die Glaubwürdigkeit der Informanten nachprüfen. Jedoch waren wir bemüht, im Rahmen des Möglichen die Spreu vom Weizen zu trennen, Ungereimtheiten zu vermeiden und Zweifelsfälle mit Fragezeichen zu versehen. Durch die unterschiedliche Resonanz auf unsere Fragen erklärt sich auch, daß die Angaben zu den einzelnen Ortsnamen sehr verschieden sind. Es gibt in unserm Buch Orte mit langen Textbeigaben, es gibt aber auch Orte, zu denen wir lediglich die Mundartform des Ortsnamens notieren konnten. Hier findet sich für spätere Bearbeitungen noch ein reiches Tätigkeitsfeld.

Dieses Buch ist der sichtbare Beweis dafür, daß das Interesse an der Mundart noch immer lebendig ist, denn es hätte nicht entstehen können ohne die Mitarbeit unserer zahlreichen Informanten. Allen Informanten, die an diesem ersten 'Fertigprodukt' der Mundart-Werkstatt mitgeholfen haben, sei herzlich gedankt: Für ihre Telefonanrufe während der Sendungen, für ihre Zuschriften, für ihre rege Teilnahme an unseren Mundart-Treffs, für die Interviews, die sie mir gewährt haben. Mein Dank gilt aber auch den Verantwortlichen des Saarländischen Rundfunks, allen voran Herrn Karl-Heinz Schmieding und Herrn Lutz Hahn. Bei Herrn Günter Schmitt bedanke ich mich für seine Mitwirkung in den ersten Sendungen der Mundart-Werkstatt; sehr herzlich danke ich Herrn Manfred Spoo, der jetzt die Rundfunksendungen der SR-Mundart-Werkstatt betreut.

Mein Dank gilt gleichermaßen den Mitarbeitern von Karlsberg Kultursponsoring: Frau Rina Kortz, Herrn Alfred Diwersy und Herrn Robert Hess. Mein besonderer Dank gilt Herrn Professor Dr. Max Mangold, der mir die Anregung zu diesem Buch gegeben und mir bei allen schwierigen Fragen beratend zur Seite gestanden hat. Ein herzliches Dankeschön gebührt Frau Dr. Anna Peetz; sie hat sich die Mühe gemacht, die lothringischen Necknamen für dieses Buch zusammenzustellen und zu bearbeiten. Und last but not least danke ich meiner Tochter Evelyn für ihre Hilfe beim Korrekturlesen.

Saarbrücken, im August 1991

Edith Braun

Necknamen
der Saar

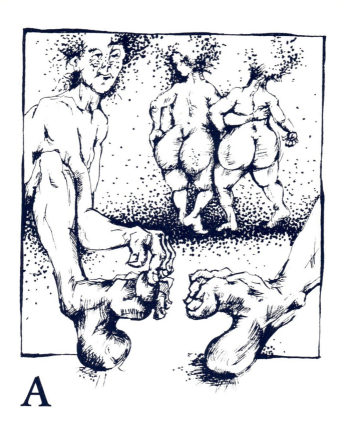

A

Aldschdadder Wiggewagge
midde grumme Aarschbagge,
midde grumme Sohle,
de Deiwel soll se hoole.
Altstadt

ALSCHBACH – ALSCHBACH

Alschbacher Jochnäschel (Alschbacher Jochnägel)

Das Wort 'Jochnagel' ist im Saarland ein weitverbreitetes Schimpfwort für einen dummen, störrischen Menschen. Dazu erzählt man sich die Geschichte von dem Bauern, der mit seinem Ochsengespann aufs Feld fuhr. Als ihm an einem steilen Berg plötzlich der Jochnagel entzweibrach, da wußte er sich zu helfen. Wie? Das wird in einem Lied, der sogenannten 'Alschbacher Vesper', besungen:

> De Bauer hadd sei Finger ins Joch geschdeggd,
> unn wie die Kuh hadd aangedsòò,
> dò isch de Finger fordgeflòò.
> (Der Bauer hat seinen Finger ins Joch gesteckt,
> und als die Kuh hat angezogen,
> da ist der Finger fortgeflogen.)

ALSFASSEN – ALSFASSE

Alsfasser Keelschdordse (Alsfasser Grünkohlstrünke)

ALSWEILER – ALSWILLER

Alswiller Kabbeskäbb (Alsweiler Kappesköpfe)

Scherzfrage: 'Wenn e Alswiller e Kabbeskobb iss, was issen dann e besuffener Alswiller?' (Wenn ein Alsweiler ein Kappeskopf ist, was ist dann ein besoffener Alsweiler?) Antwort: 'Ei, das iss e Blòòkabbes!' (Nun, das ist ein Blaukraut.) ('Blòòkabbes' = Blaukraut; Rotkraut)

ALTENKESSEL – ALDEK̲ESSEL
ALDE D̲IBBE – NEI T̲O̲BFSCHDADD (scherzhaft)

Uff de Alde Kessel gehn (Nach Altenkessel gehen)
Uff de Alde Dibbe gehn (dasselbe)

Die Kesselfligger (Die Kesselflicker)
auch:
Die Dibbefligger (Die Topfflicker)

ALTENWALD – A̲LDEWALD

Uff de Aldewald gehn – Aus em Aldewald kumme
(Nach Altenwald gehen – Von Altenwald kommen)

In Altenwald gibt es das 'Dräänevirdel' (Tränenviertel).
Dabei handelt es sich um eine Siedlung von Eigenheimen, die in den 20er Jahren gebaut wurden. Dann kam
die Inflation, und die Leute konnten ihre finanziellen
Verpflichtungen nicht mehr erfüllen. Viel Tränen gab's...
Es gibt in Altenwald auch noch den 'Keedsebuggel' (Kötzenbuckel), eine Ansiedlung auf einem kleinen steilen
Hügel. Dort sollen Glasbläser aus dem Osten sich niedergelassen haben, deren Gewohnheit es war, 'Keedse' zu
verwenden (Kötze = Korb, der auf dem Rücken getragen
wird). Außerdem gibt es auch noch den 'Schbaddsehiwwel' (Spatzenhügel), wo die Glasmacher wohnten, 'die
Glaasschbaddse' (Glasspatzen). In einem andern Teil, der
'Häll' (Hölle), 'sinn die Pannkuuche nuur uff ääner Seid
gebaggd wòòr' (sind die Pfannkuchen nur auf einer Seite
gebacken worden), denn auf der andern Straßenseite
standen keine Häuser.

Der Sulzbach bildete einst die Grenze zwischen dem preußischen Altenwald und dem bayrischen Schnappach. 'Unn wäär dòò eriwwer kumm iss, hat sei Gnäbb gridd, unn wäär niwwer gang iss, aach. Awwer die Breedscher die sinse niwwer kaafe gang, die waare driwwe bei de Beire greeser.' (Und wer von dort hier herüber kam, der bekam Prügel, und wer hinüberging, ebenfalls. Aber die Brötchen hat man drüben gekauft, die waren bei den Bayern größer.)

ALTFORWEILER – FÒÒRWELLER – BADDÒÒRFING (von Bourg Dauphin)

Fòòrweller Oggsen (Altforweiler Ochsen)

> Fòòrweller Oggsen
> Kann nidd boggsen.
> (Altforweiler Ochse
> kann nicht boxen.)

ALTHEIM – ALDEM

Aldemer Greidskäbb (Altheimer Kreuzköpfe)

Als 'Greidskäbb' (Kreuzköpfe) wurden die Katholiken von ihren protestantischen Mitbürgern verspottet; die Protestanten dagegen mußten sich 'Blòòkäbb' (Blauköpfe) schimpfen lassen.
auch:
Aldemer Wiggewagge (Altheimer Wickewacken)

ALTLAND – A̲LDLAND
Ins Aldland gehn –vum Aldland kumme (Nach Altland gehen –von Altland kommen)

ALT-SAARBRÜCKEN – A̲LD-SAARBRIGGE
Alt-Saarbrücken war früher die eigentliche Stadt Saarbrücken und die Residenz der Fürsten von Nassau-Saarbrücken. Erst im Jahr 1909 wurde durch Zusammenlegung der Gemeinden Alt-Saarbrücken, St. Arnual, St. Johann, Malstatt und Burbach die heutige Großstadt Saarbrücken gegründet. Diese Stadtteile sind gesondert aufgeführt.

Aldsaarbrigger Addsele (Alt-Saarbrücker Elstern)

Die Alt-Saarbrücker Mundart unterscheidet sich von den andern Mundarten der Gegend durch ihren R-Laut, der schon fast wie ein 'ch' (in 'ach') klingt. Wann immer die Rede eines Alt-Saarbrückers nachgeäfft wird, ist dieser besondere R-Laut stark übertrieben zu hören. Beispielsweise in der folgenden Wendung: 'Gehsche mid uff de Hahne, Päärchdsgnoddele raffe –dswei unn dswei aanenannerch –dò gehds schnellerch.' (Gehst du mit auf den Hagen, Pferdeäpfel aufsammeln –zwei und zwei aneinander – dann geht's schneller.)

ALTSTADT – A̲LDSCHDADD
In die Aldschdadd gehn (Nach Altstadt gehen)

Aldschdadder Sandhaase (Altstadter Sandhasen)
auch:
Aldschdadder Wiggewagge (Altstadter Wickewacken)

Aldschdadder Wiggewagge
midde grumme Aarschbagge,
midde grumme Sohle,
de Deiwel soll se hoole.
(Altstadter Wickewacken
mit den krummen Arschbacken,
mit den krummen Sohlen,
der Teufel soll sie holen.)

Dem Vernehmen nach waren die Limbacher reich, die
Altstadter hingegen sehr arm. – Für den in Altstadt ge-
bräuchlichen Spruch: 'Machs Finschder dsuu, dsiehs
Himmed aus!' (Mach das Fenster zu, zieh das Hemd aus!)
konnte keine Erklärung gefunden werden.

APACH – ÒÒPICH

ASCHBACH – ASCHBACH
Die Orte Aschbach, Bubach und Gresaubach werden
ihrer sprechenden Namen wegen auch 'die schweinisch
Geeschend' (die schweinische Gegend) genannt.

Leebacher Wend,
Aschbacher Grend,
Eggswiller Schdääre,
Soddswiller Bääre,
Tooler Lofd.
(Lebacher Wind,
Aschbacher Grind,
Exweiler Steine,
Sotzweiler Raufbolde)
Tholeyer Luft.)

AßWEILER – ASSWILLER

Asswiller Gnobbschdegge (Aßweiler Knopfstecken)

ASWEILER – AASWILLER

Asweiler, Eitzweiler und Wolfersweiler sind das sogenannte 'Heggeland' (Heckenland), weil es dort sehr viel
Hecken gibt.

AUERSMACHER – AUERSCHMACHER

Auerschmacher Koowe (Auersmacher Krähen)

Eine Hörerin meinte, der Neckname sei vielleicht deshalb entstanden, weil Auersmacher hoch gelegen ist wie
ein Vogelhorst. Wahrscheinlicher ist, daß es dort in der
Gegend sehr viele Krähenschwärme gab.

> Auerschmacher Koowe
> mache in de Oowe,
> mache in es Budderfass,
> ei,ei,ei, wie rabbeld das!
> (Auersmacher Krähen
> machen in den Ofen,
> machen in das Butterfaß,
> ei, ei, ei, wie rappelt das!)

Der Heimatforscher Michel Mohr weiß von einem amtli-
chen Schreiben vergangener Zeiten zu berichten, in dem
ein Auersmacher Bürgermeister seine Gemeinde als 'die
wilden Bergbewohner' bezeichnete. Vielleicht hat sich in
jener Zeit auch die folgende wahre Begebenheit abge-

spielt: Einst hat es ein fremder Freiersmann gewagt, sich einem Auersmacher Mädchen zu nähern. In den Augen der einheimischen Burschen war das etwas Unerhörtes. Das Schlimmste aber war, daß die Eltern des Mädchens nichts gegen diese Verbindung einzuwenden hatten; der Fremde war bereits einigemale zu Besuch im Hause seiner Zukünftigen. Die Auersmacher Burschen fühlten sich in ihrer Ehre auf Tiefste gekränkt. Sie beschlossen, dem Fremden einen Denkzettel zu verpassen. Als er das nächste Mal – fein herausgeputzt in seiner Sonntagstracht – seiner Braut einen Besuch abstatten wollte, lauerten ihm hinter der 'Schierdier' (Scheuertür) einige der wilden Auersmacher Burschen auf, packten ihn, tauchten ihn in die Jauchegrube und ließen ihn mit höhnischem Gelächter wieder laufen. –

In der Auersmacher Mundart sagte man: 'Im wisse Huss wohnd e Schbidds, däär bissd'. (Im weißen Haus wohnt ein Spitz, der beißt.) Und der Brunnen heißt dort 'de Burre'.

AUßEN – AUSEN
Man sagt: uff de Beenert gehen (auf den Beenert gehen), wenn man nach Außen geht.

Die Beenerten *oder* Beenerts

Es konnte nicht geklärt werden, was der Neckname bedeutet und woher er kommt. Im Pfälzer Wörterbuch gibt es das Wort 'Bienert' für Bienenwald. Außen ist ein kleines Dorf, dessen Häuser an einem steilen Bergkegel kleben wie Bienenwaben. Es scheint deshalb möglich, daß 'Beenerten' die Bewohner eines Bienert, also eines Bienenwaldes sind.

auch:

Ausener Kesselfligger (Außener Kesselflicker)

> Mier sinn vun Aussen,
> mier schlään die Bausen,
> mier schlään die Läscher
> mid de Kaffeeblescher.

> (Wir sind von Außen,
> wir schlagen die Beulen,
> wir schlagen die Löcher
> mit den Kaffeebehältern.)

Ein 'Kaffeeblesch' ist ein flaches Gefäß aus Zinkblech zum Mitnehmen von Kaffee auf die Arbeitsstelle.

B

Rehbogg, min Dsahldaa!
Rehbogg, min Geld!
Bischmisheim

BACHEM – B<u>AA</u>CHEM

Baachemer Kautsen (Bachemer Kaulquappen)
auch:
Baachemer Kautsekäpp (Bachemer Kaulquappen-köpfe)

BALLERN – B<u>A</u>LLERN

BALLWEILER – B<u>A</u>LLWILLER

Ballwiller Wiggewagge (Ballweiler Wickewacken)

> Ballwiller Wiggewagge
> midde grumme Aarschbagge,
> midde grumme Sohle,
> de Deiwel soll se hoole.
> (Ballweiler Wickewacken
> mit den krummen Arschbacken,
> mit den krummen Sohlen,
> der Teufel soll sie holen.)

BALTERSWEILER – B<u>A</u>LDERSCHWILLER

Balderschwiller Mangele (Baltersweiler Mängel)

Den Baltersweilern sagt man nach, daß sie in ihren Flüchen gern Wendungen gebrauchen, in denen das Wort 'Mangel' vorkommt; z.B. 'De Mangel soll disch hollen!' (Der Mangel soll dich holen!) *oder:* 'De Mangel sollschde kre.ie!' (Den Mangel sollst du kriegen!) *oder:* 'E Gewidder Mangel soll der in de Pans fahre!' (Ein Gewitter Mangel soll dir in den Wanst fahren!) Das Wort 'Mangel' hat auch die Bedeutung von bestimmten Krankheiten bei Mensch und Vieh.

BARDENBACH – B_AA_REBACH

BAYERISCH KOHLHOF – H_EE_FSCHE (Höfchen)

Uffs Heefsche gehn (Nach Bayerisch Kohlhof gehen)

BEAUMARAIS – B_O_MMARRÄ

Beaumarais, jetzt ein Stadtteil von Saarlouis, hieß früher 'Schönbruch'.

BEBELSHEIM – B_ÄÄ_WELSUMM

BECKINGEN – B_E_GGINGEN

Die Mundart von Beckingen hat manche Ausdrücke, die von denen der umliegenden Orte abweichen. So sagen die Beckinger z.B. 'babb_i_nn unn babb_au_sen' (drin und draußen). Was andernorts ein 'Jochnachel' (Jochnagel) ist, nennt man in Beckingen 'Dulles', und zu 'Faasekie-schelscher' (Fastnachtsküchlein) sagt man dort 'Unne-firdsjer' (Unterfürzchen).

BEDERSDORF – B_E_DDERSCHTROFF

BEEDEN – B_ÄÄ_DE – B_ÄÄ_RE

Unter der älteren Bevölkerung hat sich noch der Spruch erhalten:

Lierum, laarum Läffelschdiel,
alde Weiwer fresse viel,
junge misse faschde,
s Brood leid im Kaschde,
s Messer leid denäääwe,
wäär Brood will hann, muss bääre,
Bääre leid bei Humborsch,
Humborsch iss e groosi Schdadd,
woo mer niggs se fresse hadd.
(Lierum, larum, Löffelstiel,
alte Weiber fressen viel,
junge müssen fasten,
das Brot liegt im Kasten,
das Messer liegt daneben,
wer Brot haben will, muß beten.
Beeden liegt bei Homburg,
Homburg ist eine große Stadt,
wo man nichts zu fressen hat.)

BERGEN – BAERJEN

De Baerjer Blo.uoggsen (Die Berger Pflugochsen)

BERGWEILER – BERSCHWILLER

Berschwiller Bäschbiere (Bergweiler Kelterbirnen?)

BERSCHWEILER – BÄÄRSCHWILLER – WEILER
– WILLERS-IM-LOCH

Auch scherzhaft 'Sanggd Bäärschwiller am Fuus vun de
Holser Albe' (St. Berschweiler am Fuß der Holzer Alpen).

BERUS – B**ÄÄ**RES

Bäärser Eesel (Beruser Esel)

Der Name soll zurückgehen in die Zeit des 30-jährigen
Krieges. Damals war Berus, das hoch auf einem Berg liegt,
eine Festung und wurde von den Schweden belagert.
Schließlich war den Belagerten nur noch ein Esel und ein
Sack Weizen geblieben. Da schlachteten sie das Tier, füll-
ten die Eselshaut mit dem Weizen und warfen sie über
die Mauer, daß sie den Berg hinunter in die feindlichen
Linien rollte. Die Schweden fielen auf diese Kriegslist
herein: sie glaubten wirklich, es gäbe in der Festung noch
so viel Vorräte, daß man davon leichtfertig etwas wegwer-
fen konnte, und sie zogen ab.
In den folgenden Jahrhunderten scheint sich der Charakter der Beruser grundlegend geändert zu haben, denn
heute heißt es:

> Bäärser Eesel,
> kannet leesen,
> kannet schreiwen,
> muss an Oostern setze bleiwen.
> (Beruser Esel,
> kann nicht lesen,
> kann nicht schreiben,
> muß an Ostern sitzen bleiben.)

BESCH – BEESCH

Beescher Kwaaken (Bescher Frösche)

BESSERINGEN – B<u>E</u>SSRINGEN

Bessringer Lensefresser (Besseringer Linsenfresser)

Eine Hörerin erzählt, daß in Besseringen früher Linsen angebaut worden seien und daß es dort an Sonn- und Feiertagen Linsen zu essen gegeben habe. Der Anbau von Linsen wurde in unserer Zeit wieder aufgenommen.

BETHINGEN – B<u>EE</u>TINGEN

BETTINGEN – B<u>E</u>TTINGEN

Bettinger Ke.ihscheller (Bettinger Kühe-Scheltende)
auch:
Bettinger Ke.ihschdrepper (Bettinger Kühe-Schläger)
auch:
Bettinger Ke.ihschenner (Bettinger Küheschinder)

In den Nachbarorten wird erzählt, daß früher die Bettinger Bauern sehr grob mit dem Vieh umgegangen seien. Die Kühe 'schdreppen' heißt soviel wie 'mit Peitschenhieben antreiben'.

BETTSTADT – BETTSCHT

BEXBACH – B<u>E</u>DDSCHBACH
s. Ober-, Nieder- und Mittelbexbach

BIEL – BE.IL

BIERBACH – BIERBACH

Bierbacher Käärbscher (Bierbacher Körbchen)

Bierbach gehörte früher zum Kloster Wörschweiler; die Bewohner leisteten Frondienste für das Kloster. Der karge Boden auf der kleinen Gemarkung des Dorfes brachte kaum Erträge. Also mußten die Bierbacher ihren Unterhalt anderswie verdienen. Die Männer machten aus den Weiden, die in ihren Wiesen entlang der Blies wuchsen, alle Arten von Körben und zogen damit über Land oder verkauften sie auf den Märkten in Neunkirchen und Saargemünd. Heute soll es noch einen einzigen Korbmacher in Bierbach geben.

Die Bierbacher 'gehn hääem', die Blieskasteler 'gehn hemm' gehen heim).

BIERFELD – BERWELD

Berwelder Heggebägg (Bierfelder Zecken)

In der Gegend gibt es viele Lohhecken, in denen sich gern die Zecken aufhalten.
auch:
Berwelder Gääsemutserden (Bierfelder Geißenfreunde?)

BIESINGEN – BIESINGE

Gaudabbese (Gautölpel)

Biesingen liegt im Bliesgau, kurz auch der Gau genannt.
Der Gau war bäuerliches Gebiet, und die Gaubewohner
galten als dumm und ungehobelt.

Die Biesinger 'kaafe sisch e Huud', die Saarbrücker 'kaafe
sisch e Hudd' (kaufen sich einen Hut).

BIETSCHIED – BIEDSCHD

BIETZEN – BE͟ITZEN

BILDSTOCK – BI͟LLSCHDOGG
PORDRÄ͟Ä͟ DE GNI͟BBEL (scherzhaft)
MIRRA͟A͟SCH DE GNI͟BBEL (scherzhaft)

Uff de Billschdogg gehn (Nach Bildstock gehen)

Die Kollenischde (Die Kolonisten)

BILSDORF – BI͟LSCHTROFF

BIRINGEN – BE͟RRINGEN

Kautsekäpp (Kaulquappenköpfe)

BISCHMISHEIM – BI͟SCHMISSE
REHBOGGSHA͟U͟SE (scherzhaft)
SCHI͟SSMISCHHEMM (scherzhaft)

**Die Bischmisser Rehbägg (Die Bischmisheimer Reh-
böcke)**

Die Geschichte, wie es zu diesem Necknamen kam, ist bekannt: Ein Bischmisheimer, der auf der Halberger Hütte arbeitete, ging nach der Schicht heimwärts. Unterwegs verspürte er ein menschliches Rühren – er gedachte, sich hinter einen Busch zu setzen. Vorher aber hängte er sein großes rotes Sacktuch, in das er seine Lohntüte eingebunden hatte, an einen Ast. Wie erschrak der arme Mann, als der Ast sich plötzlich in Bewegung setzte und davonsprang, weil er zum Geweih eines Rehbocks gehörte. Wie gelähmt stand der Bischmisheimer da, dann aber entrang sich ihm der Schrei: 'Rehbogg, min Zahldaa! Rehbogg, min Geld!' (Rehbock, mein Zahltag! Rehbock, mein Geld!). Wer diesen Schrei damals gehört hat? Wir wissen es nicht. Aber bis auf den heutigen Tag ist er in Bischmisheim und Umgebung lebendig geblieben, und wo immer die Rede ist 'vun de Bischmisser Rehbägg', tönt es lachend in der Runde: 'Rehbogg, min Zahldaa! Rehbogg, min Geld!'

Es gibt jedoch auch böse Zungen, die behaupten, daß zu jener Zeit nicht <u>alle</u> Arbeiter ihren Zahltag unversehrt heimgebracht hätten und daß darum die Geschichte vom Rehbock eine Schutzbehauptung gewesen sein könnte. Ein Bischmisheimer Hörer erzählt die Geschichte so: 'Frieher hann die jò umm Halbersch geschaffd – die meischde Bischmisser, ne? Unn dò hannse ihr Broodduuch debei gehadd, das waar soo e grooses Saggduuch. Unn dò hannse im Mischler hannse immer jeede Daach hannse dord e Bier gedrungg odder dswei unn e Kurdser, unn dann sinnse nòòhäär am Enn vum Moonaad odder wann se Dsahldaa gridd hann sinn se dordhin unn hann dann die Reschnung bedsahld. Unn dò hannse jò nimmeh vill Geld gehadd, unn dò hannse das in ihr Broodduuch ingewiggeld, in de Egge, e Schlobb drum gemach, unn dann sinnse hemm. Unn dò waar ääner vun Bischmisse gewään, das waar soo e glewwerer Kerl gewään. Dò waar de Parrgaarde dòò unne im Wiesje, woo heid die Gaardeschdròòs isch unn –dòò hadd e Rehbogg mimm Gehäär dòò in de Hegge gehungg, ne? Unn jedds hadder gedenggd: Mensch, das Ding dòò das kinnschde mid hemm holle. Unn dò ischer nin unn hadd denne Rehbogg dòò gefang, abgemachd, s Broodduuch um de Hals gewiggeld, unn dò ischer dann e Schdiggelsche furdgang mid demm Rehbogg, unn wie däär Rehbogg gemergd hadd, dasser frei isch, dass däär ne nuur feschdhäld, hadder e Sadds gemach, unn dò waar de Rehbogg furd, unn dò hadd de anner gegrisch –de Jääb odder de Kaarl, isch wääs jedds nidd genau, wäärs waar –uff jeede Fall hadder gegrisch: Rehbogg, min Dsahldaa! Rehbogg, min Geld!'

(Früher haben die ja auf der Halberger Hütte gearbeitet – die meisten Bischmisheimer, nicht? Und da hatten sie ihr Brottuch dabei, das war so ein großes Taschentuch. Und dann haben sie im Gasthaus Mischler immer jeden Tag ein Bier getrunken oder zwei und einen Schnaps, und dann sind sie nachher am Monatsende –oder wenn sie ihren Zahltag bekommen hatten –sind sie dorthin und haben dann die Rechnung bezahlt. Und da hatten sie ja nicht mehr viel Geld, und da haben sie es in ihr Brottuch eingewickelt, in die Ecke, eine Schleife drum gemacht, und dann sind sie heimgegangen. Und da war einer von Bischmisheim, das war so ein cleverer Kerl. Da war der Pfarrgarten dort unten in der kleinen Wiese, wo heute die Gartenstraße ist und – da hat ein Rehbock mit dem Gehörn in einer Hecke gehangen, nicht? Und jetzt dachte er: Mensch, das Ding da das könntest du mit nach Hause nehmen. Und da ist er hineingegangen und hat diesen Rehbock gefangen, abgemacht, das Brottuch um den Hals gewickelt, und dann ist er ein Stückchen fortgegangen mit dem Rehbock, und als der Rehbock merkte, daß er frei ist, daß der ihn nur festhält, hat er einen Satz gemacht, und da war der Rehbock fort, und da hat der andere geschrieen – der Jakob oder Karl, ich weiß jetzt nicht genau, wer's war – auf jeden Fall hat er geschrieen: Rehbock, mein Zahltag! Rehbock, mein Geld!)

Die Bischmisheimer Mundart weist alemannische Elemente auf. Merkspruch: 'In Bischmisse schdehd das wisse Huss midde griene Lääre; dòò wohnd e wisser Schbidds, däär bissd och.' (In Bischmisheim steht das weiße Haus mit den grünen Läden; da wohnt ein weißer Spitz, der beißt euch.)
Auf diese 'breite' Sprache spielt auch der bekannte Saarbrücker Mundartdichter Friedrich Schön an in seinem Gedicht

DIE BISCHMISSER SPROCH

Zu seller Zeit, wo hier im Land
's Telephon mr hat gespannt,
Do hat jemand e Bischmisser gefro't:
„Warum han Ihr dann noch ke Droht?"

„Ja, hat do dr Bischmisser gesa't:
Unser Sproch, die isch zu braat,
Die geht nit, min liiwer Sohn
Durch de Droht vum Telephon!" –

(DIE BISCHMISHEIMER SPRACHE

Zu jener Zeit, da hier im Land
das Telefon man hat gespannt,
Da hat jemand einen Bischmisheimer gefragt:
'Warum habt Ihr denn noch keinen Draht?'

'Ja, hat da der Bischmisheimer gesagt:
Unsere Sprache, die ist zu breit,
Die geht nicht, mein lieber Sohn,
Durch den Draht vom Telefon!')

Es gibt in Bischmisheim auch noch viele Necknamen für
Personen, wie z.B. 'de Himmedschisser' (der Hemdschei-
ßer), 'de Schneebrunser' (der Schneepinkler), 'de Pudding'
(der Pudding) und dergleichen mehr.

Zuguterletzt sei auch noch erwähnt, daß in Bischmisheim, diesem abseits gelegenen Bergdorf, vier Familiennamen besonders häufig sind, nämlich Deutsch, Diener,
Schmeer und Tausend. Dazu zitiert man in Bischmisheim und Umgebung das Sprüchlein: 'Dausend deidsche
verschmeerde Diener' (Tausend deutsche verschmierte
Diener).

BISTEN – BE.ISCHDEN

Be.ischder Schbatsen (Bister Spatsen)

BLICKWEILER – BLIGGWILLER

Bliggwiller Sandhaase (Blickweiler Sandhasen)

Zwischen Blickweiler und Wolfersheim kam es früher immer wieder zu Spannungen, weil die einen katholisch, die anderen protestantisch waren. Wenn die Blickweiler an Fronleichnam mit der Prozession durch ihr Dorf zogen, dann machten sich die Wolfersheimer auf ihren nahegelegenen Feldern zu schaffen, möglichst in Hörweite, fluchten dabei so laut sie konnten oder fuhren gar Jauche auf ihre Äcker. Dafür rächten sich die Katholiken an Karfreitag. Wenn die Protestanten sonntäglich gekleidet zum Gottesdienst gingen, wurde die katholische Jauche auf die Felder gefahren, die katholischen Hausfrauen putzten Fenster, klopften Teppiche und ließen die Wäsche auf der Leine flattern.

BLIESDALHEIM – DAALEM

Daalemer Haase (Bliesdalheimer Hasen)
auch:
Daalemer Heggeschdordse (Bliesdalheimer Heckenstümpfe)

BLIESEN – BLIESE

Blieser Fergelschdeeser (Blieser Ferkelstößer)
auch:
Blieser Schdeeser (Blieser Stößer)
auch:
Blieser Schdeeserde (dasselbe)

Mit 'Schdeeser' (Stößer) bezeichnete man die Schweinehändler, von denen es in Bliesen besonders viele gab. Sie zogen früher mit ihren Ferkelkarren durchs Land. Ein

Hörer erklärt: 'Blieser Schdeeserde – das kummd häär, wenn die Fergel geschnied genn, unn dò hadd mer dsem Baarsch – also das iss jò e männlisches Fergel – dsuu denne hadd mer immer 'Schdeeserde' gesaad.' (Blieser Stößer – das kommt daher, wenn die Ferkel geschnitten werden, und da hat man zum Baarsch – also das ist ja ein männliches Ferkel – zu diesen hat man immer 'Schdee-serde' gesagt).

Die Blieser Schweinehändler – so erzählt man sich in den benachbarten Dörfern – hatten eine besondere Art, mit gepreßter Stimme zu sprechen. Sie pflegten ihre Ware etwa folgendermaßen anzubieten: 'Leen, holl dat Fergel hie – dat grieschde nimmeh – soo ääns iss was fier uffs Werdiggo – unn *dat* iss e Fergel – de hasch im halwe Jòhr hasche dswei Dsendner.' (Lene, kaufe dieses Ferkel – das kriegst du nie mehr – so eines kannst du dir aufs Vertiko stellen – *das* ist ein Ferkel – in einem halben Jahr hast du zwei Zentner.)

BLIESKASTEL – KASCHDEL
BLAASKISCHDEL (scherzhaft)

Kaschdeler Schdallbägg (Blieskasteler Stallböcke)

Man erzählt sich, daß in Blieskastel früher der Geißbock gehalten wurde, zu dem die Ziegen aus den umliegenden Gemeinden zum Decken gebracht wurden.
Im Buch von Helmut Seebach über die pfälzischen Necknamen findet sich jedoch eine andere Deutung des Namens; es gibt nämlich den Necknamen 'Bockstall' auch für Annweiler am Trifels, für Rinnthal und für Wolf-

stein. Alle diese Städte waren – ebenso wie Blieskastel – früher von Ringmauern und Gräben umgeben. Der einzige Zugang sei eine enge Pforte gewesen, wie an einem Bockstall.

Ein Hörer aus Mimbach berichtet, daß sogar die Glocken geläutet hätten:

> Kaschd-ler Schdall-bogg, Kaschd-ler Schdall-bogg,
> Eev, kumm in die Kirsch, Eev, kumm in die Kirsch,
> Bleib -- dehemm, bleib -- dehemm.

> (Blieskastler Stallbock, Blieskastler Stallbock,
> Ev, komm in die Kirche, Ev, komm in die Kirche,
> Bleib daheim, bleib daheim.)

Also: Die erste Glocke (1. Zeile) läutete in normalem Tempo und mittlerer Tonhöhe, die zweite (2. Zeile) schnell und hell, die dritte Glocke (3. Zeile) ganz langsam und mit tiefem Ton.

Heute führt der Karnevalsverein von Blieskastel einen Ziegenbock im Wappen.
auch:
Schmaule (Nörgler)

Der Name soll daher rühren, daß die Blieskasteler häufig unzufrieden sind, also ständig maulen.

Angeblich gehen die Blieskastler nicht gern zu Veranstaltungen, es sei denn, daß sie selbst zu den Veranstaltern gehören. Auswärtige Gäste pflegen daher zu spotten: 'In

Kaschdel gehd niggs samme wie die Millisch, unn die wird dann sauer.' (In Blieskastel geht nur die Milch zusammen, und die wird dann sauer.) ('Die Milch geht zusammen' bedeutet: die Milch gerinnt.)

Erhalten hat sich auch noch der Spruch:
'Die Kaschdler gehn dswää unn dswää aanenanner uff de Haane mimm bleschne Äämer Puddel draan.' (Die Blieskasteler gehen zu zweit miteinander auf den Hag mit dem blechernen Eimer Jauche tragen.)

In Hassel sagte man früher, wenn es regnete:
'Laaf wie die Kaschdeler unnerm Rään dorsch.'
(Lauf wie die Blieskastler unterm Regen durch.)

BLIESMENGEN – MENGE

Menger Narre (Bliesmenger Narren)

In Bliesransbach erzählt man sich:

> Kummschde nòò Bolsche, muschde folsche,
> sunsch grischde in Menge dei Senge.
> (Kommst du nach Bolchen, mußt du folgen,
> sonst kriegst du in Mengen deine Prügel.)
> *oder*
> In Bolsche gridd mer e Nollsche,
> unn in Menge gridd mer Senge.
> (In Bolchen kriegt man ein Schnullerchen,
> und in Mengen kriegt man Prügel.)

BLIESMENGEN-BOLCHEN s. Bolchen

BLIESRANSBACH – RAASCHBACH

Raaschbacher Schbeggfresser (Bliesransbacher Speck-fresser)
auch:
Raaschbacher Herrgädder (Bliesransbacher Herr-götter)
auch:
Raaschbacher Heggehòòler (Bliesransbacher Hecken-holer)

Vielleicht kommt der Name daher, daß die Bliesransba-cher früher häufig in den Wald gingen, um Äste und Zweige zu sammeln, die sie als Feuerholz oder aber auch als Stützen für die Erbsen verwendeten. Sie pflegten die Hecken in Bündeln auf dem Kopf heimzutragen. Ein sol-ches Bündel wurde 'Bird' (Bürde) genannt; ein älteres Wort für Bündel war auch 'Fäschiene'.

Bei R. Müller (S. 42) lesen wir, daß die Raaschbacher sich das Feuerholz auch oft auf Kleinblittersdorfer Bann sti-bitzt hätten, so daß der Spitzname 'die Heggehòòler' in jener Zeit entstand. Denn da hätten die Kleinblittersdor-fer oft genug den Warnruf gebraucht: 'Vòòrsischd, die Raaschbacher Heggehòòler kumme!' (Vorsicht, die Blies-ransbacher Heckenholer kommen!)

auch:
Raaschbacher Wilddiewe (Bliesransbacher Wilddiebe)
auch:
Raaschbacher Heggeschisser (Bliesransbacher Hek-kenscheißer)

Eine Fechingerin erzählt: 'Die Aarweider vun der Hidd die hann e langer Wääsch gehadd bis hemm nòò Raaschbach, unn dò hannse aach alsemò misse hinner die Hegge gehn. Unn dòòhäär muss das kumme, dass mer se die Raaschbacher Heggeschisser nennd.' (Die Hüttenarbeiter hatten einen weiten Weg bis heim nach Bliesransbach, und da mußten sie auch manchmal hinter die Hecken gehen. Daher kommt es wohl, daß man sie die Bliesransbacher Heckenscheißer nennt.)

Es ist gefährlich, den Bliesransbacher Bahnhof zu erwähnen. Fragt ein ahnungsloser Fremder, wo denn der Bahnhof sei, dann antwortet der Raaschbacher: 'Ei em Hund im Äärsch.' (Dem Hund im Arsch.) Oder auch: 'Kumm, isch wiss der ne.' (Komm, ich zeige ihn dir). Woraufhin der Fremde jämmerlich verprügelt wird. Der Ort hat nämlich zum größten Leidwesen der Einwohner keinen Bahnhof. Die bösen Zungen der Nachbargemeinden sprechen vom Bliesransbacher 'Glasbahnhof'. Man darf aber das Wort 'Glasbahnhof' in Gegenwart eines Bliesransbachers nicht aussprechen, denn dieses Wort – so berichtet die Fama – läßt ihn vor Wut 'aus der Buggs schbringe' (aus der Hose springen).

Eine Besonderheit im Wortschatz der Bliesransbacher ist das Wörtchen 'Märmedd', und zwar ist 'die Märmedd' eine große Schüssel oder auch ein Kochtopf. Hier macht sich die enge Nachbarschaft zu Lothringen bemerkbar; im Französischen heißt es 'marmite'.

BÖCKWEILER – BÄGGWILLER

Bäggwiller Laaleläscher (Böckweiler Ladenlöcher)

Ein 'Laaleloch' kann ein kleiner Ausschnitt im Fensterladen sein; aber auch die Öffnung im Giebel, durch die das Heu hochgezogen wurde, nennt man 'Laaleloch'.

In Böckweiler sagt man 'Laale' statt 'Laden', und auch in andern Wörtern kann 'd' zu 'l' werden, wenn es zwischen zwei Selbstlauten steht. Darum neckt man in den umliegenden Orten die Böckweiler mit der Redensart: Hullalla, lòò leiler! (Hurra, da liegt er!)

BOHNENTAL – BOHNEDAAL
TIRGEI (scherzhaft)

Die Tirge (Die Türken)

Zum Bohnental gehören die Orte Dorf, Dörsdorf, Limbach, Linscheid, Neipel und Überroth-Niederhofen. Ihre Bewohner werden in der Umgegend 'die Tirge' (die Türken) genannt. Es sollen früher einmal Leute aus diesen Dörfern ins Banat ausgewandert und wieder von dort zurückgekommen sein. Auf sie soll der Neckname zurückzuführen sein. – Im Bohnental selbst bezeichnet man jedoch nur die Limbacher als 'die Tirge'.

BOLCHEN – BOLSCHE
offiziell: Bliesmengen-Bolchen

Sprüche siehe BLIESMENGEN

BORG – BÄRRECH
OBERKUCKUCKSHAUSEN (scherzhaft)

Bärrcher Gugguggen (Borger Kuckucke)

Ein Hörer erklärt den Namen: 'Am Gehannsdaach hunn die Bärrcher ihr Kirmes, unn wenn der Gehannsdaach erimm iss, dann sull der Guggugg nimmeh ro.ufen. Unn dann haaschd dat, die hunn den Gugggugg fer die Kirmes geschlaachd'. (Am Johannistag haben die Borger ihre Kirmes, und wenn der Johannistag vorbei ist, dann soll der Kuckuck nicht mehr rufen. Und dann heißt es, sie haben den Kuckuck für die Kirmes geschlachtet.)

BOSEN – BUUSE

Buusemer Schdrumbbännel (Bosener Strumpfband)

In früherer Zeit, als die Frauen und Mädchen noch lange Strümpfe trugen, mußte mitunter auch ein Einmachgummi als Strumpfband dienen. Damals sangen die Burschen (auf die Melodie von Heinzelmännchens Wachtparade): 'Laß mich mal an deinem Strumpfband ziehn'.
auch:
Buusemer Langkäbb (Bosener Langköpfe)

BOUS – BUUS
HAMPIDDAANIA (scherzhaft)

Buuser Hampiddscher (Bouser Hanspeterchen)
auch:
Buuser Hampidden (Bouser Hanspeter)

Ein Bouser meint, der Neckname gehe auf einen Hausnamen zurück. Im vorigen Jahrhundert müsse ein 'Hampidds Hanse' in Bous gelebt haben, der sehr wenig besaß und der wahrscheinlich auch in den umliegenden Ortschaften als Habenichts bekannt war. Dessen Hausname 'Hampidd' sei dann auf die Bouser insgesamt übertragen worden.

BRAUNSHAUSEN – BRAUNSHAUSE

Peedersberjer Päädschesdrääder (Petersberger Pfädchentreter)

Der Petersberg ist der Hausberg von Braunshausen. Und die Füße der Braunshauser haben anscheinend in der ganzen Umgebung Aufsehen erregt; von einem, der große Füße hat, heißt es; 'Däär lòò hadd Braunsemer Fies.' (Der da hat Braunshauser Füße.)

BREBACH – BRÄÄBACH

Brääbacher Saggschisser (Brebacher Sackscheißer)

BREFELD – BREEFELD

BREITFURT – BRÄÄWERD
AFFEBACH (scherzhaft)

Brääweder Sandhaase (Breitfurter Sandhasen)
auch:
Brääweder Affe (Breitfurter Affen)

Die Breitfurter wollten angeblich immer etwas Besseres sein als die benachbarten Wolfersheimer. Darüber gibt es eine kleine Anekdote: Vun Affebach kummd dò im Herbschd e Fraa dsem Meddsjer Lammarsch in Kaschdel unn verlangd siwwe Pund Schbegg. 'Woo sinn Ehr dann häär?' fròòd de Meddsjer. 'Vun Breidfurd', saad die Fraa. Soo um die Dseid, woo die Meis uffem Heischdall Hobbeldäns danse, holld die sell Fraa vòòr drei Greidser Nierefedd. De Meddsjer: 'Woo sinn Ehr dann häär?' 'Ei vun Brääwerd,' saad die Fraa. (Von Affenbach kommt da im Herbst eine Frau zum Metzger Lamarche in Blieskastel und verlangt sieben Pfund Speck. 'Wo seid Ihr denn her?' fragt der Metzger. 'Von Breitfurt', sagt die Frau. So um die Zeit, wo die Mäuse auf dem Heuboden hungrig nach Futter suchen, kauft dieselbe Frau für drei Kreuzer Nierenfett. Der Metzger: 'Wo seid Ihr denn her?' 'Ei von Brääwerd', sagt die Frau.)

Eine Einheimische behauptet: 'Sunndaas saamer Breidfurt, unn werdaas heischds Brääwerd'. (Sonntags sagen wir Breitfurt, und werktags heißt's Brääwerd.)

Neckvers: Brääweder Affe gehn sesamme gaffe.
        (Breitfurter Affen gehen zusammen gaffen.)

Die katholischen Orte gehörten meist zu der Grafschaft Von der Leyen, während die protestantischen Gemeinden zu Zweibrücken gehörten. Noch vor fünfzig Jahren beschimpften die Blickweiler und die Breitfurter Buben sich gegenseitig wegen ihrer Konfessionszugehörigkeit; ein Hörer erinnert sich, daß sie als Buben oft auf der Bliesbrücke mit den 'Brääweder Blòòkäbb' (Breitfurter Blauköpfen) Streit hatten und sich gegenseitig 'die Käbb verschlaa hann' (die Köpfe verhauen haben). 'Blòòkobb' (Blaukopf) ist der Schimpfname für die Protestanten; die Katholiken werden als 'Greidskäbb' (Kreuzköpfe) beschimpft.

BRENSCHELBACH – BRENSCHELBACH
SCHWEIDS (Schweiz)

Nach dem 30-jährigen Krieg wurden in dem entvölkerten Dorf durch herzogliche Maßnahmen Schweizer Einwanderer angesiedelt. Bis in die jüngste Zeit hieß es, 'mer gehn in die Schweids' (wir gehen in die Schweiz), wenn man aus den umliegenden Orten nach Brenschelbach ging.

Brenschelbacher Koodhahn (Brenschelbacher Wiedehopf)

Heute wird dieser Neckname noch verwendet, aber niemand weiß, was er eigentlich bedeutet. Manche glauben, ein 'Koodhahn' sei ein Truthahn. Jedenfalls kränkt es die Brenschelbacher sehr, wenn man sie als 'Koodhähn' bezeichnet. Es könnte also zutreffen, was das Pfälzer Wörterbuch dazu vermerkt. Danach bedeutet das Wort 'Schmutzhahn'; es spielt an auf das schmutzige und stinkende Nest des Wiedehopfs. Ein alter Herr aus Mimbach erzählt: 'Frieher, dòò hann mier mò mid unserm Gesangverein in Brenschelbach das Lied „Frühmorgens, wenn die Hähne krähn" gesung. Dòò häddener ebbes erlääwe kinne!' (Früher haben wir mal mit unserm Gesangverein in Brenschelbach das Lied 'Frühmorgens, wenn die Hähne krähn' gesungen. Da hättet ihr etwas erleben können!)

Lautliche Merkmale: Die Brenschelbacher 'gehn mimm Koorb de Beersch enuff', während die Böckweiler 'mimm Korb de Bersch enuff gehn' (mit dem Korb den Berg hinauf gehen).

BRITTEN – BRITTEN

De Britter Hi.ertsen (Die Brittener Hirschkäfer)

Vielleicht heißen sie so, weil es dort viel Wald gibt.

Wenn eine Brittener Hausfrau ein zähes Stück Fleisch auf den Tisch brachte, pflegte sie zu sagen: 'Dat iss zäh wie en Hi.ertsebock.' (Das ist so zäh wie ein Hirschkäfer.)
auch:
De Britter Oggsen (Die Brittener Ochsen)

Man sagt den Bewohnern nach, daß sie ziemlich stur seien.

BROTDORF – BRODDROFF

Broddrowwer Gwaagebacher (Brotdorfer Fröschenbacher)
auch:
De Broddrowwer Moogekäbb (Die Brotdorfer Krötenköpfe)
auch:
Freeschemierder (Froschmörder)

Eine Hörerin aus Merzig berichtet, die Necknamen kämen daher, weil in Brotdorf viele Wiesen waren, nasse

Wiesen mit vielen Fröschen; die Frösche habe man gefangen und ihnen die Schenkel abgeschnitten. 'Und
deswegen nennt man die Brotdorfer die „Freeschemier-
der".Jetzt ist aber alles urbar gemacht worden, und es gibt
keine Frösche mehr.'

BRÜCKHUMES – BRIGGHUUMES

Dort bildete die Straße die Grenze zwischen dem Kreis
Saarbrücken und dem Kreis Ottweiler. Demzufolge gehen die Bewohner der einen Straßenseite nach Kutzhof,
die von der andern nach Wiesbach in die Kirche.

BRUCHHOF – BRUCHHOOF
SCHEMMERKOBB

Schemmerkobb = Schelmenhügel, Verbrecherhügel. In
Bruchhof soll nämlich auf der Bergkuppe ein Galgen gestanden haben.

**Die Schemmerkäbb (Die Schelmenköpfe; die vom
Schelmenhügel)**

BUBACH – BUBBACH
b. St. Wendel

Waeschde nidd, woo Bubbach leid?
Bubbach leid im Graawe,
woo's die scheene Maedscher gebbd,
Buuwe wie die Raawe.
Maedscher wie die Rooseschdägg,
Buuwe wie die Oggsekäbb.

(Weißt du nicht, wo Bubach liegt?
Bubach liegt im Graben,
wo's die schönen Mädchen gibt,
Buben wie die Raben.
Mädchen wie die Rosenstöcke,
Buben wie die Ochsenköpfe.)

In Bubach soll es verhältnismäßig viele Junggesellen geben. Kein Wunder – sagt man in den umliegenden
Dörfern –wer mag schon was mit Ochsenköpfen zu tun
haben?

BUBACH – BUBBACH

Die Orte Aschbach, Bubach und Gresaubach werden ihrer sprechenden Namen wegen auch 'die schweinsisch
Geeschend' (die schweinische Gegend) genannt.

Bubbacher Kiehkäbb (Bubacher Kuhköpfe)

Eine Hörerin erinnert sich eines Spruches ihrer Kindheit,
mit dem man die Bubacher zu ärgern pflegte, wenn diese
auf den gegenüberliegenden Feldern arbeiteten:

Buubacher Kiehkäbb,
woo hann der auer Schdrohsägg?
Hinner eische Beeschen,
der Deiwel soll se seeschen.
(Bubacher Kuhköpfe,
wo habt ihr eure Strohsäcke?
Hinter Eichenbüschen,
der Teufel soll sie suchen.)

Ein Sprüchlein aus Großvaters Zeiten lautet:

Bubbacher Lumben
schdingge wie die Schdumben,
werfe mer se ins Budderfass,
ei,ei,ei, wie rabbeld das!
(Bubacher Lumpen
stinken wie die Stumpen,
werfen wir sie ins Butterfaß,
ei, ei, ein, wie rappelt das!)

BÜBINGEN – BIEWINGE

Biewinger Holsäbbel (Bübinger Holzäpfel)

Nach R. Müller (S. 44) soll es früher in Bübingen einen
großen Holzapfelbaum gegeben haben, der dem Ort den
Spitznamen gab.

BÜDINGEN – BIDDINGEN
b. Merzig

BUPRICH – BUPPRISCH

BURBACH – BUURBACH
BAAD BUURBACH (scherzhaft)

Burbach ist eine der fünf Gemeinden, die seit 1909 die
Stadt Saarbrücken bilden. Und zwar ist Burbach eine aus-
gesprochene Industriegemeinde, deren Bevölkerung vorwiegend von dem riesigen Hüttenwerk lebte. Nachdem
die Hütte stillgelegt wurde, können die arbeitslos gewor-

den Hütten- und Stahlarbeiter sich an der reineren Luft über Burbach erfreuen und nennen nun ihren Ort mit grimmigem Humor 'Bad Burbach'.

Einen Necknamen haben die Burbacher nicht; die Bewohner werden je nach ihrem Wohnort als 'Lähmkauler', 'Kabbesegger', 'Miehleegger' (die aus der Lehmkuhle, die aus dem Kappesecken, die aus dem Mühlenecken) u.s.w. bezeichnet.

In der Altenkesseler Straße sollen früher besonders viel Meister gewohnt haben, die man aus dem Ruhrgebiet hatte kommen lassen. Man hatte ihnen auch in einer Parallelstraße noch Häuser gebaut. Die gutverdienenden Meister bekamen den Spitznamen 'die Schbeggfresser' (die Speckfresser) und ihre Häuser nannte man 'die Schbeggfresserheiser' (die Speckfresserhäuser).

BÜREN – BIEREN

BÜSCHDORF – BISCHTROFF
b. Perl

BÜSCHFELD – BISCHBELD
b. Wadern

BUTZDORF – BO.UTSTROFF

BUWEILER – BUUWILLER
b. Wadern

C

Uff We.iler gehn.
Calmesweiler

CALMESWEILER – KALMESWE.ILER – WE.ILER

Uff We.iler gehn – nach Calmesweiler gehen

CAMPHAUSEN – KAMBHAUSE

Nachdem die Grube Camphausen im Zuge der Industrialisierung gebaut worden war, entstanden die ersten Häuser von Camphausen als 'Beamtenkolonie'. Die Bergleute aus den umliegenden Ortschaften traten nach 12-stün-
diger Arbeit unter Tage den Heimweg an, die auswärtigen
'Hartfüßler' wohnten im Schlafhaus.

Unvergessen ist das tragische Unglück von 1885 auf der
Grube Camphausen. Damals kamen bei einer Schlagwet-
ter- und Kohlenstaubexplosion 180 Bergleute ums Leben,
30 wurden verletzt.

Unvergessen ist aber auch der Obersteiger Barth. Ein Hörer berichtet. 'De Owwerschdeier Baard däär hadd immer
gesaad: Kääner iss greeser als wie de Schorschde. Unn
deswääe hannsene de Schorschde genennd. Unn er waar
aach im Gesangverein Floora. Unn dò wollder die Annere aa immer fers Singe begeischdere. Unn wanner als e
Neier ingeschdelld hadd, dann saader dse demm: Endweeder de gehschd mid in de Floora, saader, odder de
gehschd in de Wassergraawe. Unn de Wassergraawe, das
waar kä scheen Aarwed.' (Der Obersteiger Barth hat immer gesagt: Keiner ist größer als der Schornstein. Und
deswegen wurde er der Schornstein genannt. Und er war
auch im Gesangverein Flora. Und da wollte er die Andern
auch immer fürs Singen begeistern. Und wenn er einen
Neuen einstellte, sagte er zu ihm: Entweder du gehst mit
zum Flora oder du gehst in den Wassergraben. Und im
Wassergraben zu arbeiten war hart.)

D

**Gell, Ble.imert, weil kennscht dau
meich ni.emeh!**
Düppenweiler

DAUTWEILER – DA̲U̲DWELLER
b. Hasborn

DECKENHARDT – DE̲GGEHAARD

DIEFFLEN – DE̲.I̲FELN

Der Name ist entstanden aus 'Dieffendahl' oder 'Diefen-
dähl'. (Kreis, S. 78).

De.ifler Pingko.uchen (Dieffler Pfannkuchen)
auch:
Daeler Ponnko.uchen (dasselbe)
auch:
Daeler Narren (Narren aus dem Tal)

Als 'Daeler Narren' werden allerdings nicht nur die
Dieffler, sondern auch die Bewohner von Körprich, Nalbach und Piesbach bezeichnet.

Wenn ein Dieffler stöhnt, so nennt er das 'òònsen'; in
Saarbrücken und Umgebung spricht man von 'äänse'.

DIERSDORF – DE̲.I̲SCHTROFF

DIFFERTEN – DE̲.I̲FERTEN

Peigler (Händler?)

Der Neckname ist überall bekannt, aber eine Erklärung
dafür wußte fast niemand. Ein Hörer meinte, früher seien
viele Differter als Hausierer umhergezogen. 'Dò hannse

gepeigeld, wie mer saad.' (Da haben sie 'gepeigelt', wie man sagt.) Ein Hostenbacher erinnert sich: 'Wemmer frieher Peigler iwwer se geruuf honn, honn mer uuser Gnäbb gridd. Heid sinn se schdols druff unn honn soogaar ihren Kaarnewallsverein „Die Peikler" genennd.' (Wenn wir früher 'Peikler' zu ihnen gesagt haben, dann kriegten wir Prügel. Heute sind sie stolz darauf und haben sogar ihren Karnevalsverein 'Die Peikler' genannt.)

Auch bei R. Müller (S. 46) werden die 'Peikler' erklärt als 'fahrendes Volk' und 'Händler', darüberhinaus aber auch als dienstbare Damen, die für ihre Leistungen bezahlt wurden. Das Wort soll möglicherweise auf 'payer' (frz.: bezahlen) zurückgehen. In dieser Gegend waren französische Wörter nichts Ungewöhnliches, denn in dem nahen Saarlouis gab es eine französische Garnison. Fest steht, daß die Differter das Wort 'Peikler' bis in die jüngste Zeit als Schimpfwort empfanden – ja, es soll sogar einmal Anlaß zu einem Prozeß gewesen sein.

auch:
De.iferter Goldviejel (Differter Goldvögel)

Der Differter Schutzpatron ist St. Gangolf; man feiert die St. Gangolf-Kirmes als 'Goldvoochel-Kirf'.

DILLINGEN – DELLENGEN

Dellenger Wend (Dillinger Wind)

In den umliegenden Gemeinden glaubte man, die städtischen Dillinger wollten etwas Besseres sein. *auch:*

De Dellenger Hoochdeidschschwäddser
(Die Dillinger Hochdeutschredenden)

Es gab in Dillingen — bedingt durch die großen Industrieanlagen — viele Beschäftigte aus andern deutschen Gegenden, die den Dillinger Dialekt nicht sprachen und auch kaum verstanden. Die Dillinger mußten sich deshalb im Umgang mit ihnen bemühen, hochdeutsch zu sprechen.

auch:
Hungerleider (Kreis, S. 44)

Die Dillinger — so erzählt eine Pachtenerin — waren immer hungrig, und gern schlenderten sie durch Pachten, wenn dort Kirmes war. Stand ein Einheimischer vor seinem Haus, dann blieben die Dillinger stehen und begannen ein Gespräch in der Hoffnung, eingeladen zu werden. Denn die Pachtener hatten immer einen Schinken im Rauchfang und waren als gastfreundlich bekannt. Wenn aber die Dillinger ihre Kirmes hatten, dann sagten sie mittags: 'Kummen, ihr Kinner, mer gehn schbaddsieren — et is soo scheen Wedder!' (Kommt, ihr Kinder, wir gehen spazieren — es ist so schönes Wetter!), und dann machte die Dillinger Familie eine ausgedehnte Waldwanderung.

Wenn die Dillinger und die Pachtener sich nachbarschaftlich beschimpften, dann hieß der Schlachtruf der Dillinger: 'Paehder Gluddskäbb!! Paehder Diggkäbb!!' (Pachtener Klotzköpfe!! Pachtener Dickköpfe!!) Die Pachtener antworteten darauf:

Dellenger Raddsen
reiden uff de Kaddsen,
reiden uff de Peer,
Mamme, mach mer sooo e lang Budderschmeer.
(Dillinger Ratzen
reiten auf den Katzen,
reiten auf den Pferden,
Mutter, mach mir sooo eine lange Butterstulle.)

DILSBURG – DILSBURSCH

Wer das erste Haus in einer Dilsburger Straße baute, gab
ihr den Namen. So ist z.B. die Friedrichstraße (im Volksmund heißt sie 'die Schlossergass') nach dem Schlosser
Friedrich Bickelmann benannt. Die Paul-Theresia-Straße
trägt die Vornamen eines Ehepaares, das als erstes hier ein
Haus baute. Im Volksmund allerdings heißt diese Straße
auch heute noch 'die Siesschmiergass' (Marmeladengas-
se), weil die Anwohner, um ihre Bauschulden bezahlen
zu können, sich keine Butter gönnen konnten.

DIRMINGEN – DÄÄRMINGE

Däärminger Blòòkäbb (Dirminger Blauköpfe)

Mit diesem Necknamen beschimpften die benachbarten
katholischen Eppelborner die evangelischen Dirminger.
'Blòòkäbb' war ein allgemein gebräuchlicher Schimpfname für Evangelische – die Katholiken wurden 'Greidskäbb' (Kreuzköpfe) geschimpft.

DORF – DORREF

DORF IM WARNDT – WAARNDDORF
NEESCHERDORF (scherzhaft)

Ein Ludweiler erzählt, der Ausdruck 'Negerdorf' sei entstanden nach dem letzten Krieg; damals wären viele Neger unter den französischen Besatzungssoldaten gewesen, die mit den Mädchen aus dem Dorf im Warndt poussiert hätten.

DÖRRENBACH – DERREBACH

DÖRSDORF – DÄÄSCHDASCH

Hundsfresser (Hundsfresser)

Eine Hörerin aus Aschbach meint, der Ausdruck sei darauf zurückzuführen, daß früher dort viele Zigeuner lebten. – Eine alte Frau aus Wustweiler berichtet von einem Erlebnis mit Dörsdorfer Buben: Die Buuwe hann gesaad: 'Kumm, Berda, grischd mò e Schinggeschmeer.' Dò hann isch gudd dsuugeschlaa, unn wie isch ferdisch wòòr, dò hann die Buuwe dann dsuu mer gesaad: 'Waeschde jedds, was de gess haschd? Das wòòr Hundsschingge.' Deswää nennd mer die Dääschdascher aa Hundsfresser. (Die Buben sagten: 'Komm, Berta, du kriegst mal eine Schinkenstulle.' Da habe ich tüchtig gegessen, und als ich fertig war, sagten die Buben zu mir: 'Weißt du jetzt, was du gegessen hast? Das war Hundeschinken.' Deswegen nennt man die Dörsdorfer auch Hundsfresser.)

Die Dörsdorfer reagieren sehr empfindlich auf ihren

Necknamen. Daß vor langer Zeit dort einmal Hunde geschlachtet wurden, kann nicht ausgeschlossen werden.
Aber das Hundefett wurde – ähnlich wie Dachsfett – als
vorzügliches Heilmittel verwendet (gegen Tuberkulose).

Die Redewendung 'Läär wie Dääschdasch' (Leer wie
Dörsdorf) ist möglicherweise nach dem 30-jährigen
Krieg entstanden. Es heißt, daß der Ort damals ganz ent-
völkert war.

Ein ebenfalls sehr bekannter Spruch heißt:
'Mache mert wie die Dääschder – losse mert rääne.'
(Machen wir es wie die Dörsdorfer – lassen wir es regnen.)

In Dörsdorf gibt es noch Leute, die Jenisch sprechen können. 'Jenisch' nennt man im Rotwelsch die Gauner-
sprache; es ist eine Geheimsprache, die stark vom Hoch-
deutschen abweicht.

Es gibt in Dörsdorf einen Ortsteil, der die 'Schlawwerie'
genannt wird. Dort hatte sich im letzten Jahrhundert eine sozial schwache Bevölkerung angesiedelt, die aber im
Lauf der Zeit völlig in die Dorfgemeinschaft integriert
wurde.

DREISBACH – DRÄÄSBICH

DUDWEILER – DUDDWILLER
DUDDBACH (scherzhaft)

Bevor Dudweiler in die Stadt Saarbrücken eingemeindet
wurde, galt es als das größte Dorf Europas.

Die Grommeddscheler (Die Nörgler)
auch:
Es sindische Dorf (Das sündige Dorf)

Eine Hörerin berichtete, daß Dudweiler eine Zeitlang als 'sündiges Dorf' bekannt gewesen sei; möglicherweise hatte diese Bezeichnung damit zu tun, daß sich eine große Kaserne (Below-Kaserne, jetzt Universität) in der Nähe befand. Daß die Dudweiler seinerzeit keine Kinder von Traurigkeit waren, scheint sich auch bis in die St. Wendeler Gegend herumgesprochen zu haben, denn dort gab es die Redewendung: 'Danse wie die Duddwiller' (Tanzen wie die Dudweiler).

Die Mundart unterscheidet sich von der benachbarten Sulzbacher Mundart. In Sulzbach sagt man: 'De Mann midder lang Schdang, in Dudweiler hingegen: 'De Monn midder long Schdong' (Der Mann mit der langen Stange). Dieser Merkspruch ist so sehr im Volk verbreitet, daß die Dudweiler Stadtväter diesen 'Monn midder long Schdong' – nämlich einen Lampenanzünder – als eisernes Denkmal 1990 auf dem Marktplatz haben aufstellen lassen. Und ältere Bürger wissen noch: 'De Monn midder long Schdong machd om Bòhnhoof die Lombe òòn'. (Der Mann mit der langen Stange macht am Bahnhof die Lampen an.)

In Sulzbach erzählt man sich auch von der Dudweiler Ehefrau, die ihren Mann fragte: 'Willi, willschde die Kuddledd uff de Deller honn odder eschde se aus der Ponn?' (Willi, willst du die Koteletts auf den Teller haben oder ißt du sie aus der Pfanne?)

Ein weiterer lautlicher Unterschied: In Sulzbach geht man 'in die Kersch', in Dudweiler jedoch 'in die Kirsch' (in die Kirche).

Eine Straße in Dudweiler heißt 'Am Hungerpuhl'. Hier hatten — ähnlich wie im Altenwalder 'Dräänevirdel' (Tränenviertel) — die Hausbesitzer große Probleme mit der Abzahlung ihrer Baukredite.

Als manche Dudweiler noch Vieh hatten, zogen sie mit ihrem 'Leiderwäänsche' (Handwägelchen) los, um in ihrer Umgebung Kartoffelschalen und andere verwertbare Abfälle einzusammeln. Man nannte sie respektlos 'die Schäälewuddse' (Schalenschweine).

Wortspiel: Isch binn dursch de Gong gong, dò iss de Gong gong. (Ich bin durch den Gang gegangen, da ertönte der Gong.)

DÜPPENWEILER – DEPPENWEILER – DE.IPENWILLER
KASSEROLLWILL (scherzhaft)
TOPFSCHTATT (scherzhaft)

Es heißt, daß die Düppenweiler sich selbst als Topfstädter bezeichnen, damit sie als 'Städter' nicht hinter den Einwohnern des nahegelegenen Haustadt zurückstehen müssen.

De.ipenwiller Ke.ihstri.eper (Düppenweiler Küheschinder)

Den Düppenweiler Bauern wird nachgesagt, daß sie ihre Kühe unbarmherzig mit Peitschenhieben den Berg hinauf angetrieben hätten.

auch:

De.ipenwiller Ble.imerten (Düppenweiler Blümerten)

'Ble.imert' war ein häufiger Name für Kühe.

Ein 'Gugguggsbauer' (Kleinbauer) soll sich einstens eine neue Mütze gekauft haben, während seine Kuh draußen vor dem Geschäft auf ihn wartete. Stolz sei das Bäuerlein in seiner neuen Mütze vor die Kuh hingetreten mit den Worten: 'Gell Ble.imert, weil kennscht dau meich ni.e-meh!' (Gelt, Blümert, jetzt erkennst du mich nicht mehr!) (nach Kreis, S. 43 f.)

auch:

Deppenweiler Haelden (Düppenweiler Helden)

Mit 'Helden' sind in diesem Fall 'Messerhelden' gemeint, denn die Düppenweiler sollen früher das Messer recht locker sitzen gehabt haben. Ein Haustadter, der auch mal auf die Tanzmusik nach Düppenweiler ging, erzählt: '...dann hann die Dibbenweiler Burschen geguggd, dass die freem Jungen enidd esoo an ihr Mäddscher rangang sinn. Die freem Jungen die sinn dann midde Schdaen verdrief genn'. (... dann haben die Düppenweiler Burschen achtgegeben, daß die fremden Burschen sich nicht an ihre Mädchen herangemacht haben. Die fremden Burschen sind dann mit Steinen vertrieben worden.)

auch:

Dibbegieser (Topfgießer)

E

**Wie lang der nei Jochnachel
gehall hadd, das wäas
mer nedd.**
Einöd

ECKELHAUSEN – EGGELH<u>AU</u>SEN

EFT – IERFT

Ierfter Tsollòòdepitsch (Efter Salatbüschel)

Vielleicht hängt der Name damit zusammen, daß es an der Efter Kirmes, die schon Anfang Mai war, bereits Rupf-salat gab. In Eft hieß dieser Salat 'Putschesallaad'. Er war im Frühjahr ausgesät worden und konnte um die Zeit der Kirmes vereinzelt (pikiert) werden. Er wurde also in 'Pit-schelchin' (Büschelchen) versetzt.

EIMERSDORF – <u>AE</u>MERSCHTROFF

EINÖD – <u>ÄÄ</u>NEED

Ääneeder Jochnäschel (Einöder Jochnägel)

Über die Herkunft des Necknamens berichtet folgende Geschichte: 'Fahrd dòò amme scheene Daa e Kiehbauer de Hungerbersch enuff meddem Waan voll Mischd. Wie-rer dòò owwe sem Wald erauskommd, woos gans gäh ber-rinuff gehd, mergd unser Beiersche, dass de Jochnachel e Gracher machd unn in die Brisch gehd. Im näggschde Auebligg wäär naddeerlisch de Waan medsamdem Mischd hinnersisch de Berjenunner. Wääs Godd, was dòò hädd kinne alles basseere! Awwer derr Mann waar nedd uff de Kobb gefall unn hadd schnell sei Finger in das ge-fährlische Loch geschdeggd. – Wie lang der nei Joch-nachel gehall hadd, das wääs mer nedd.' (Eines schönen Tages fährt ein Kuhbauer den Hungerberg hinauf mit

einem Wagen voll Mist. Als er oben aus dem Wald her-
auskommt, dort, wo es ganz steil den Berg hinaufgeht,
merkt unser Bäuerchen, daß der Jochnagel mit einem
krachenden Geräusch in die Brüche geht. Im nächsten
Augenblick wäre natürlich der Wagen mitsamt dem Mist
rückwärts den Berg hinuntergesaust. Weiß Gott, was da
alles hätte passieren können! Aber der Mann war nicht
auf den Kopf gefallen und hat schnell seinen Finger
in das gefährliche Loch gesteckt. – Wie lange der neue
Jochnagel gehalten hat, weiß man nicht.)
(Verfasser unbekannt)

EISEN – EISE

EISWEILER – AESWILLER
b. Namborn

EITZWEILER – AEDSWILLER

Aedswiller Wiggewagge (Eitzweiler Wickewacken)

Asweiler, Eitzweiler und Wolferssweiler sind das sogenannte 'Heggeland' (Heckenland), weil es dort sehr viel
Hecken gibt.

EIWEILER – AEWELLER
b. Bosen

EIWEILER – EIWILLER
b. Heusweiler

Die Hòòrsemänner (Die Hirschkäfer)

Anfang Juni, wenn die Hirschkäfer fliegen, war die 'Eiwiller Hòòrsemannskirb'.

ELM – ELM

Die Bachwuddse (Die Bachschweine)
auch:
Baches (Die am Bach Wohnenden)

Nach R. Müller (S. 36) geht der Name auf die Anfänge des Dorfes zurück – es ist an einem Bach entstanden.

ELMERSDORF – ELMESCHTROFF

ELVERSBERG – ELWERSCHBERSCH – ELMERSCHBERSCH
Uff de Elmerschbersch gehn (Nach Elversberg gehen)

Elmerschberjer Kabbeskäbb (Elversberger Kappesköpfe)
auch:
Elmerschberjer Kollenischde (Elversberger Kolonisten)

Elversberg war eine Kolonie. Dort wohnten Hütten- und Bergleute in gruben- oder hütteneigenen Häusern auf preußischem Gebiet. Hingegen hatten die Bewohner im nahen pfälzisch-bayrischen Land meist eigene Häuschen mit Garten, wo Blumen und Gemüse wuchsen.

Eine Hörerin erzählte, daß schon vor einem Menschenalter in Elversberg der Handel mit Rauschgift geblüht

haben soll und der Ort deswegen auch 'Glään-Schiggaa-
go' (Klein-Chicago) genannt worden sei.

Jedenfalls hört man in der ganzen Umgebung immer
wieder den Spruch:

Willschde dei Lääwe geniese,
geh nòò Elwerschbersch unn Schbiese.
(Willst du dein Leben genießen,
geh nach Elversberg und Spiesen.)

Dieser Spruch war eine Zeitlang aus aktuellem Anlaß er-
weitert worden:

Haschde dei Lääwe genoss,
dann dsieh nòò Schbiese
unn loss disch vum Schbeischer erschiese.
(Hast du dein Leben genossen,
dann ziehe nach Spiesen
und laß dich vom Speicher erschießen.)

Dabei wird Bezug genommen auf die Tat eines Mannes,
der aus Eifersucht ein junges Mädchen in Spiesen er-
schossen hatte.

Ein anderer Spruch lautet:

Willsche dei Lääwe geniese,
fahr nòò Elmerschbersch unn Schbiese.
In Schbiese iss niggs se geniese,
Huggen umm Elmerschbersch,
dòò iss alles iwwerdswersch.

(Willst du dein Leben genießen,
fahre nach Elversberg und Spiesen.
In Spiesen ist nichts zu genießen,
bleibt in Elversberg sitzen,
dort ist alles überzwerch.)

Die zwischen Nachbargemeinden übliche 'Feindschaft'
findet Ausdruck in dem folgenden Spottvers der Elversberger Burschen:

Mier sinn niggs wie Elmerschberjer Buuwe,
wäär was will, däär soll nuur ruufe,
däär ään mid em Schibbeschdiel,
däär anner mid dem Kaarsch
mier haue de Schbieser Läscher in de Aarsch.

(Wir sind die Elversberger Buben,
Wer was will, der soll nur rufen,
der eine mit dem Schippenstiel,
der andere mit der Hacke,
wir hauen den Spiesern Löcher in den Arsch.)

Die nahe preußisch-bayrische Grenze ist noch immer
unvergessen. Noch heute erzählt man sich schmunzelnd
die Geschichte jenes Elversberger Burschen, der auf
bayrischem Territorium Musik machte. Sein Spiel wurde
von den preußischen Ordnungshütern als Ruhestörung
empfunden – sie machten ihm ein Protokoll.

EMMERSWEILER – EMMERSCHWILLER

ENSDORF – ENSCHTROFF

Enschtrowwer Grumberpäns (Ensdorfer Kartoffel-bäuche)
auch:
Enschtrowwer Grumberfresser (Ensdorfer Kartoffel-fresser)
auch:
Enschdrower Hartfießer (Ensdorfer Hartfüßler) (Fox, S. 334)
auch:
Enschtrowwer Blattfe.iser (Ensdorfer Plattfüßler)
auch:
Enschtrowwer Narren (Ensdorfer Narren)

Als Merksatz finden wir bei Fox (S.336):
Der A'uscht hat'm Res 'n Bre.i geschrie
(Der August hat dem Andreas einen Brief geschrieben).

Trägt eine Frau in jener Gegend modische Schuhe, in denen sie nicht gut gehen kann, dann spottet man: 'Enschtrowwer Fies unn Saarluier Schuh' (Ensdorfer Füße und Saarlouiser Schuhe; d.h. Bauernfüße in städtischen Schuhen).

ENSHEIM – ENSEM

Ensemer Duuseruddscher (Ensheimer Dosenrutscher)
auch:
Ensemer Duuseschiewer (Ensheimer Dosenschieber)

In Ensheim war eine Fabrik, in der aus gehärtetem Pappmaché viele Gebrauchsgegenstände, u.a. auch Griffelkasten und andere Dosen hergestellt wurden. An einem großen Schleifstein im 'Schuur-Egge' (Schur-Ecke) wurden die scharfen Kanten von den Arbeitern 'geschuurd' (abgeschliffen). Aber auch in Heimarbeit wurden die Kanten bearbeitet, dort jedoch in Ermangelung eines Schleifsteins mit Schmirgelpapier 'geruddschd' (gerieben).

Die Fechinger nennen Ensheim 'das sindische Dorf' (das sündige Dorf). Warum? 'Ei weil se sò gudd fromm sinn unn sindische doch.' (Weil sie so besonders fromm sind und sündigen doch.)

Die alemannisch gefärbte Sprache der Ensheimer kennzeichnet der Merkspruch: 'Die Muss kimmd ussem Huss, schbringd iwwer die Muuer unn bissd och.' (Die Maus kommt aus dem Haus, springt über die Mauer und beißt euch.)

EPPELBORN – ÄBBELBORN – ÄBBELBORRE

Hier gibt es einen Spruch, in dem die Mundart der Eppelborner verspottet wird:

> Moddä, die Kennä senn dòò,
> die welle die Boddä.
> (Mutter, die Kinder sind da,
> die wollen die Butter.)

ERBACH – ÄRBACH

HUMBORSCH-MORD (scherzhaft)

Erbach gehört heute zur Stadt Homburg als 'Homburg-Nord'.

Ärbacher Messerschdescher (Erbacher Messerstecher)

Die Erbacher galten früher als aufbrausend; das Messer hatten sie angeblich stets griffbereit. Ein pensionierter Lehrer erzählt, er habe einst im Unterricht ein Messer benötigt. 'Ich brauche ein Messer. Ist ein Erbacher hier in der Klasse?', fragte er die Oberprimaner. Prompt stand ein Erbacher Schüler auf, zog ein ansehnliches Messer aus der Hosentasche und reichte es dem Lehrer hin. Dann allerdings bekam er einen roten Kopf, weil er merkte, daß er durch sein Verhalten den Necknamen der Erbacher bestätigt hatte.

> Die Ärbacher Raddse
> reide uff de Kaddse
> reide dursch de Dohle
> de Deiwel soll se hoole.
> (Die Erbacher Ratzen
> reiten auf den Katzen,
> reiten durch den Tunnel,
> der Teufel soll sie holen.)

ERBRINGEN – ERWRINGEN

Erwringer He.iner (Erbringer Hühner)

Ein Hörer aus Oberleuken erzählt:

'Die Erwringer die wòòren emsisch unn hann geschaffd unn geschurweld unn geschäärd in ihrem Gaarden unn wòòren dann òòwens immer hundkabudd unn senn dann med de He.iner schlòòfe gang, unn dòòfier hadd mer die dann de Erwringer He.iner genannd.' (Die Erbringer waren fleißig und haben gearbeitet und gewerkt und gegraben in ihrem Garten und waren dann abends immer hundemüde und sind mit den Hühnern schlafen gegangen, und deswegen hat man sie dann die Erbringer Hühner genannt.)

ERFWEILER – ERFWILLER

Windbeidel (Windbeutel)
auch:
Aangewwer (Angeber)
auch:
Schdrausnarre (Straußnarren)

In vielen Orten des Saarlandes und der Pfalz wird an der Kirmes ein buntbebändeter 'Strauß' (oft in Baumgröße) an der 'Straußwirtschaft' herausgesteckt; dazu halten die 'Straußbuben' eine 'Kirweredd' (Kirmesrede), in der die Bewohner durch den Kakao gezogen werden.

ESCHRINGEN – ESCHRINGE

Die Hangkaaler (?)

So werden die Eschringer in Bliesransbach genannt, weil bei ihnen die Bohnensuppe, die andernorts als 'Biebelschesbohnesubb' oder 'Läffelschesbohnesubb' bekannt ist, 'Hangkaalesubb' heißt. In der Bohnenzeit ist diese 'Hangkaalesubb' in Eschringen ein beliebtes Mittagessen; dazu werden gewöhnlich 'Grumbierekieschelscher' (Kartoffelpuffer) serviert.

auch:

Eschringer Wiggewagge (Eschringer Wickewacken)

Um den Ort herum wuchsen viele Ginsterhecken. Im Volksmund – so sagte eine Einheimische – hieß der Ginster 'Wiggewagge'. Noch heute wird alljährlich im Sommer in Eschringen das Heckenfest gefeiert.

Die Ensheimer nannten Eschringen 'Glään Barriss' (Klein-Paris) – sie fanden die Sprache der Eschringer 'feiner' als die eigene.

ESCHWEILERHOF – ESCHWILLERHOOF

F

Fenner Haardsbagge
Fenne

FAHA – FOO

Als wahre Begebenheit erzählt man sich folgende
Geschichte: Als einmal ein Bischof, der aus Faha stamm-
te, zu Besuch in sein Heimatdorf kam, 'dò kimmt en
Nòòberschbauer ausem Haus eraus u reefd: Oh Matz,
bisch dau der Bischoff!' (da kommt ein benachbarter
Bauer aus dem Haus heraus und ruft: Oh Matz, bist du
der Bischof!) (Matz ist eine gebräuchliche Abkürzung für
Matthias.)

FECHINGEN – FESCHINGE

Feschinger Handkääsjer (Fechinger Handkäschen)

In Fechingen wurde früher aus Ziegenmilch Handkäse
nach altbewährtem Rezept hergestellt und verkauft.

Noch heute spricht man in Fechingen von der bayrischen
Grenze: 'Dswische Eschringe unn Feschinge waar die bei-
risch Grens. Unn dòò vòòr der Kurv waar e Schlaach-
baam. Unn dehinner das sinn fier uns die Beire gewään:
Eschringe, Ensem, Ormesem unn alles, was dòò ruff ge-
heerd. Unn dò iss aa geschmuggeld wòòr: Schnabbs,
Dsiggeredde unn soo. Ääner hammer im Dorf gehadd,
das waar e grooser Schmuggler.' (Zwischen Eschringen
und Fechingen war die bairische Grenze. Und vor der
Kurve war ein Schlagbaum. Und dahinter waren für uns
die Bayern: Eschringen, Ensheim, Ormesheim und alles,
was dort hinauf gehört. Und da ist auch geschmuggelt
worden: Schnaps, Zigaretten und so. Einen hatten wir im
Dorf, das war ein großer Schmuggler.)

FELSBERG – FELSBERSCH

Felsbersch sagt dort niemand. Der Ort liegt an einer Steige, und dementsprechend spricht man von Unterfelsberg als 'de unnerschd Schdaai' (die unterste Steige) und von Oberfelsberg als 'de äwwerschd Schdaai' (die oberste Steige).

FENNE – DIE FENN
Uff der Fenn wohne (In Fenne wohnen)

Die Fenner Haardsbagge (Die Fenner Harzbacken)

In Fenne war eine Fabrik, in der Sirup hergestellt wurde, im Volksmund nur 'Haards' (Harz) oder 'Haardsschmier' (Harzsirup) genannt; früher war dies ein beliebter Brotaufstrich der ärmeren Bevölkerung. Wegen ihrer Klebrigkeit hinterließ diese 'Haardsschmier' überall ihre Spuren – vor allem natürlich im Gesicht der Essenden.
auch:
Fenner Glaasschbaddse (Fenner Glasspatzen)

Es gab in Fenne auch eine Glashütte. Als die Bahnlinie gebaut wurde, entstand dadurch eine Trennungslinie zwischen 'Hidder' (Hüttenarbeiter) und 'Schdrööser' (Leute, die an der Straße wohnten).

FISCHBACH – FISCHBACH

Die Fischbacher Reschbe (Die Fischbacher Respen)

(Respen sind ovale, muldenförmige Körbchen)

FITTEN – FIDDEN

FRANKENHOLZ – FRANGGEHOLS

Franggeholser Dachkaarer (Frankenholzer Dachkater)
auch:
Franggeholser Narre (Frankenholzer Narren)

Eine 80-jährige erinnert sich, daß sie als Kind nach Höchen in die Kirche gehen mußte – eine halbe Stunde hin, eine halbe Stunde zurück: 'Awwer dò hadds niggs gebb – in die Kirsch! in die Kirsch! Im Mai hammer sunndaas als misse dreimòò ningehn – mòòrjeds, dann middaas in die Aandachd, unn òòmeds waar Roosegrans. Dò hammer als gesaad: Mier misse immer bei die Heescher Saunäwwel dòò gehn. Wammer nuur mò selwer e Kirsch härre!' (Aber da gab es kein Pardon – in die Kirche! in die Kirche! Im Mai mußten wir sonntags oft dreimal gehen – morgens, dann mittags in die Andacht, und abends wurde der Rosenkranz gebetet. Da sagten wir oft: Wir müssen immer zu diesen Höchener Saunäbeln gehen. Hätten wir doch nur selbst eine Kirche!)

FRAULAUTERN – LAUDERN

Lauderner Broggelfresser (Fraulauterner Dickmilchfresser)
auch:
Lauderner Melchbiebcher (Fraulauterner Milchbübchen)
auch:
Lauderner Beebcher (Fraulauterner Käferchen)

FREISEN – FRAESE

Fraesemer Gaese (Freisener Ziegen)
auch:
Fraesemer Blesse (Freisener Blessen)

In dem benachbarten Grügelborn wird behauptet, daß sich die Freisener immer sehr herausgeputzt hätten. 'Gugg der mò denne Bless aan!' (Guck dir mal diese Blesse an!) sagte eine Grügelbornerin stets beim Anblick ihrer Nachbarin, die aus Freisen zugezogen war. Dabei war es völlig gleichgültig, <u>wie</u> die Freisenerin gekleidet war.

'E Bless' ist in dieser Gegend aber auch eine Stirnglatze. 'Mier scheind die Sunn uff die Bless' bedeutet: Mir scheint die Sonne auf meine Stirnglatze.
auch:
Siebmääscher (Siebmacher)

Das Anfertigen von Sieben erforderte viel handwerkliche Geschicklichkeit. Ein Hörer aus Eckersweiler erinnert sich: 'Das waar e beese Aarwed. Die hann soo e Schbindel vum Hols – das hann die misse gans schmaal schneire, unn dò hann die das rundgebòò unn hann das mid Glammere soo feschdgemachd, unn dò hann se unne das Sieb ringemachd. Das waare Siewe vòòr gans glaenes Dseischfer Säämereie, unn dann waar das meh fer grobb, unn dann waar das gans groos. Unn dò hann aach die Meierer frieher mid Sand gesiebd. Unn das hann <u>die</u> gemach.' (Das war eine schwierige Arbeit. Die haben so eine Spindel vom Holz – das mußten sie ganz schmal schneiden, und dann haben sie das rundgebogen und haben es mit

Klammern so befestigt, und dann haben sie unten das Sieb eingesetzt. Das waren Siebe für ganz kleines Zeug – für Sämereien, und es gab auch solche für groberes, und die waren ganz groß. Und dann haben früher die Maurer Sand damit gesiebt. Und das haben <u>die</u> gemacht.)

FREMERSDORF – FR<u>E</u>MMESCHTROFF

FRIEDRICHINGEN – FR<u>I</u>DDRISCHINGE

Die Friedrichinger, so heißt es, haben keinen Kalender gekannt. Sie zogen in festgelegter Reihenfolge jeden Tag ein Paar andersfarbige Strümpfe an; kamen sie zu den roten, dann wußten sie, daß Sonntag war und gingen in ihren roten Strümpfen nach Fechingen zur Kirche.

FRIEDRICHSTHAL – FR<u>I</u>DDRISCHSDAAL

Die Glaasschbaddse (Die Glasspatzen)

In der Mitte des 18. Jh. wurden in Friedrichsthal Glashütten gegründet.

FRIEDRICHWEILER – FR<u>IE</u>DRISCHWEILER

Friedrischweiler Hiehnergräwwerden (Friedrichweiler Hühner ...?)

Es konnte nicht herausgefunden werden, was 'Gräwwerden' sind.

FÜRTH – FIRD

Firder Schdrawweler (Fürther Strampeler)

Ein 'Strawweler' ist jemand, der ganz schön zu strampeln hat – sei es beruflich oder sonstwie. Als 'Strawweler' wurden vielerorts die Lutherischen bezeichnet.

FÜRWEILER – FERRWEILER

Ferrweiler Bladdfies (Fürweiler Plattfüße)

Den Fürweilern wird nachgesagt, daß sie besonders große Füße haben: 'Wann die de Kehr in der Kichen honn, dò muss mer de Schaff recken'. (Wenn die sich in der Küche umdrehen, dann muß man den Schrank wegrücken.)

FURSCHWEILER – FORSCHWILLER

FÜRSTENHAUSEN – FIRSCHDEHAUSE

G

Geislauderer Buuwe
losse sisch nidd lumbe,
haue druff mid
Schdiwwele unn mid Glumbe...
Geislautern

GAU – GAU

Es gibt im Saarland zwei Gebiete, die als 'Gau' bezeichnet werden: Bliesgau und Saargau. Hier ist der Bliesgau gemeint.

Die Gaudabbese (Die Gautölpel)

Den Necknamen erhielten die Bewohner wahrscheinlich wegen ihres bäuerlichen Charakters, der anderswo als schwerfällig galt.

GEHWEILER – GEHWILLER
(Gemeinde Namborn)

Gehwiller Rerrelgräämer (Gehweiler Rötelkrämer)

Ein Oberthaler erzählt: Dò hadd de Schlabb Peeder – das waar e bekannder Mann hie – e alder Gnäbbdräher – däär hadd gesaad: 'Ihr Buuwe, woo gehner dann hin?' 'Ei', hann isch gesaad, 'mier gehn nòò Gehwiller.' 'Ihr Buuwe, dò wird isch eisch abròòde devun', saader, 'dò gehd e Wääsch *hin*, awwer kääner meh *eraus*'. (Da sagte der Schlapp Peter – das war hier ein bekannter Mann – ein richtiger Spaßvogel – der sagte: 'Ihr Buben, wo geht ihr denn hin?' Ich sagte: 'Wir gehen nach Gehweiler.' 'Ihr Buben, da würde ich euch davon abraten', sagte er, 'da geht ein Weg *hin*, aber keiner mehr *heraus*.')

Gehweiler war früher ein sehr armer Ort, dessen Bewohner vielfach auch als Kleinhändler (sprich Hausierer) ihren Unterhalt verdienten. In den bessergestellten Nachbargemeinden hieß es deshalb: 'In Gehwiller gehd alles feschde, soogaar de Burjemääschder'. (In Gehweiler gehen alle betteln, sogar der Bügermeister.)

GEISLAUTERN – GEISLAUDRE – GÄSSLAUDRE

Die Nachbargemeinden Geislautern und Wehrden pflegten in gutnachbarlicher Feindschaft zu leben. Die Geislauterner Kinder beschimpften beim 'Kriegspielen' ihre Wehrdener Altersgenossen wie folgt:

Wehrdener Schnòòge
mid de longe Hòòge,
mid de longe Higgehagge,
mid de digge Äärschbagge.
(Wehrdener Schnaken
mit den langen Haken,
mit den langen Hickehacken,
mit den dicken Arschbacken.)

Und die heldenhaften Geislauterner Buben drohten:

Geislauderer Buuwe
losse sisch nidd lumbe,
haue druff mid Schdiwwele unn mid Glumbe,
haue druff, dass es grachd,
unn däär Wehrdener Friede machd.
(Geislauterner Buben
lassen sich nicht lumpen,
hauen drauf mit Stiefeln und mit Klumpen,
hauen drauf, daß es kracht,
und der Wehrdener Frieden macht.)

GEISTKIRCHE – GE̱ISKIRSCH
(bei St. Ingbert)

GENNWEILER – GE̱NNWILLER

Gennwiller Dsunnerlabbe (Gennweiler Zunderlappen)

Auch heute noch kann man die Redewendung hören:
'Däär iss vun Hannwiller – unn nidd vun Gennwiller.' (Er
ist von Hanweiler – und nicht von Gennweiler.)
Dieses Wortspiel kann natürlich nur jemand verstehen,
der weiß, daß 'hann' = haben und 'genn' = geben bedeutet. Demnach heißt 'hann will er' = 'haben will er' und
'genn will er' = 'geben will er'. Und das Wortspiel bedeutet, daß jemand zwar alles haben will, selbst aber nicht
gern etwas hergibt.

GERLFANGEN – GÄ̱Ä̱RLEFANGEN

Gäärlefanger Linsenschisser (Gerlfanger Linsenscheißer)

GERSHEIM – GÄ̱RSCHEM – GÄ̱RSCHUMM

Gärschemer Eesele (Gersheimer Esel)
auch:
Gärschemer Saggsääscher (Gersheimer Sackpisser)

GERSWEILER – GÄ̱Ä̱RSCHWILLER

Wenn Gersweiler ihre Wäsche zum Mangeln bringen,

dann gehen sie 'aan die Mang'; im benachbarten Klarenthal hingegen geht man 'uff die Mongel'.

GISINGEN – GEESINGEN

GOLDBACH – GOLDBACH

GONNESWEILER – GONNESWILLER

Die Oldeburjer (Die Oldenburger)

Der Ort gehörte früher zum Oldenburgischen.

GÖTTELBORN – GÄDDELBORN – DIE HEEH
Uff die Heeh gehn (Nach Göttelborn gehen)

Göttelborn liegt sehr hoch, dort befindet sich der Fern-
sehsender Göttelborner Höhe.

GRÄFINTHAL – GRÄÄWEDAAL

GRESAUBACH – SËUBACH

Die Orte Aschbach, Bubach und Gresaubach werden ihrer sprechenden Namen wegen auch 'die schweinisch
Geejend' (die schweinische Gegend) genannt.

GRONIG – GROONISCH

Hier sagte man früher 'naa' (nein), in Oberthal jedoch
'nää'.

GROSSROSSELN – ROSSLE

Anläßlich der 700-Jahrfeier hat das Heimatmuseum einen Schnaps aus Topinamburknollen brennen lassen, als 'Rossler' etikettiert und im Ort verkauft. Die Topinamburpflanzen wachsen hier wild und werden 'Päärdsgrumbere' (Roßkartoffel) genannt.

Die lautlichen Unterschiede zwischen der Saarbrücker und der Großrosseler Mundart wird am folgenden Satz klar. Die Saarbrücker: 'Am Samschdaa hann isch aam Hang ufferer Bangg gehuggd unn denne lange Baam dòò gemòòld.' Die Großrosseler: 'Om Somschdaa honn isch om Hong ufferer Bongg gehuggd unn dänne longe Bòòm dòò gemòòld.' (Am Samstag habe ich am Hang auf einer Bank gesessen und diesen langen Baum dort gemalt.)

GRÜGELBORN – GRIEELBORRE

Wiggewagge (Wickewacken)

> Die Grieelborrer Wiggewagge
> midde digge Aarschbagge,
> midde digge Sòhle,
> de Deiwel sollse hòòle.
> (Die Grügelborner Wickewacken
> mit den dicken Arschbacken,
> mit den dicken Sohlen,
> der Teufel soll sie holen.)

GÜCHENBACH – KISCHEBACH

GÜDESWEILER – GIRRESWILLER

Girreswiller Hammele (Güdesweiler Hämmel)
auch:
Girreswiller Hämmeljer (Güdesweiler Hämmelchen)

In der Umgegend heißt es: 'Wann et räänt, dann mache mer et wie die Girreswiller – mer mache Finschder unn Diere zu unn gehn in de Schdall brunse.' (Wenn es regnet, dann machen wir es wie die Güdesweiler – wir schließen Fenster und Türen und gehen in den Stall pissen.)

GÜDINGEN – GIEDINGE – GIDDINGE – GIRRINGE

Giddinger Kabbeskäbb (Güdinger Kappesköpfe)

Dort wurde viel 'Kabbes' (Kappes) angebaut.
auch:
Giddinger Raddeschwäns (Güdinger Rattenschwänze)

H

Nach der Trauung:
'Sòò, jets bischte aach
getuppt.'
Hülzweiler

HABACH – HAABACH

Waldeesele (Waldesel)

Das Dorf liegt im Wald versteckt.

HABKIRCHEN – HABBKIRSCHE

HAHN – HAHN
Uff de Hahn gehn (Nach Hahn gehen)

HANGARD – HANGGAARD
Uff die Hanggaard gehn (Nach Hangard gehen)

Hanggaarder Wurschdsubb (Hangarder Wurstsuppe)

Die Hangarder haben diesen Necknamen 'vermarktet' –
sie bieten tatsächlich an besonderen Feiertagen als Spezialität Wurstsuppe an und werben schon tagelang vorher
dafür.

Sagte jemand: 'Isch gehn uff die Hanggaard', so ergänzte
ein Anderer: '...Mussigg mache'. – Der Ausdruck soll
darauf zurückzuführen sein, daß die Hangarder früher
sehr arm waren und viele von ihnen sich als Bettelmusi-
kanten ihr kärgliches Brot verdienten. Eine andere Deutung: Hangard liegt am Eingang des Ostertales und ist
ein beliebter Ausflugsort. Man saß dort fröhlich beisam-
men, aß, trank, sang und tanzte. Von der Musikalität der
Hangarder handeln auch die folgenden Spottverse:

Uff der Hanggaard schdehd e Werdshaus,
guggd e Fraa eraus, die heischd Greed,
hadd e Wullekobb, hadd e Schlabbmaul,
hadd e Naas wie e Drombeed.
(In Hangard steht ein Wirtshaus,
guckt eine Frau heraus, die heißt Gret,
hat Zottelhaar, hat ein Schlappmaul,
hat eine Nase wie eine Trompete.)

oder

Uff der Hanggaard iss e Werdshaus,
wohnd e Fraa drin, die heischd Kädd,
hadd e Schlawwermaul, hadd e Hänggmaul,
hadd e Naas wie e Glarrenedd.
(In Hangard ist ein Wirtshaus,
wohnt eine Frau drin, die heißt Käte,
hat ein Schlappmaul, hat ein Hängemaul,
hat eine Nase wie eine Klarinette.)

In Hangard wurde früher das 'Gliggerscheswasser' hergestellt, ein Limonadengetränk, das besonders bei den Kin-
dern beliebt war, weil die Flaschen mit einem Glaskügel-
chen (Klicker) verschlossen war, das zum Öffnen in die
Flasche hineingedrückt wurde.

HANWEILER – HÒÒWILLER

Die Orte Hanweiler und Rilchingen haben 500 Jahre lang
zu dem lothringischen Welferdingen gehört. Die Einwohner gingen nach Welferdingen zur Schule und zur
Kirche. Obwohl sie dann 1781 zur Von-der-Leyenschen
Herrschaft und damit zu Blieskastel kamen, sind Rilchingen und Hanweiler auch heute noch sehr nach dem be-

nachbarten Lothringen hin orientiert, zumal auch noch viele verwandtschaftliche Bindungen bestehen.

Hòòwiller Gelleriewe (Hanweiler Gelbrüben)

'Däär iss vun Hannwiller – unn nidd vun Gennwiller.' (Er ist von Hanweiler – und nicht von Gennweiler.) Dieses Wortspiel kann natürlich nur jemand verstehen, der weiß, daß 'hann' = haben und 'genn' = geben bedeutet. Demnach heißt 'hann willer' = 'haben will er' und 'genn willer' = 'geben will er'. Und das Wortspiel bedeutet, daß jemand zwar von andern alles haben will, selbst aber nicht gern etwas hergibt.

HARGARTEN – HAARGADDEN

Haargadder Häschden (Hargarter Hechte)

Der Neckname wurde den Hargartern angehängt, weil sie den Haustadtern dadurch auffielen, daß sie immer 'häschde... häschde... (hättest du... hättest du...) zu sagen pflegten.

HARLINGEN – HÒÒRLINGEN

HASBORN – HASCHBERN – HASCHBERE – HÄSCHBERE

Haschberer Klo.uwe (Hasborner Kloben)

In Hasborn sagte man früher 'Ogottschinnòò' als Ausdruck höchster Verwunderung.

HASSEL – HAASEL

Früher war nur der Name 'Haasel' bekannt. Als preußische Eisenbahner ins Land kamen, riefen die Zugbegleiter die Station preußisch militärisch aus als 'Hassel'. Ein Hörer wußte zu berichten, daß die Zugbegleiter, die ja an jeder Station aussteigen und den Namen der Station ausrufen mußten, im Winter schnell 'Hassel' gerufen hätten und sofort wieder eingestiegen seien, während sie sich im warmen Sommer mit einem langgezogenen 'Haaasel' Zeit gelassen hätten.

Haaseler Guggugge (Hasseler Kuckucke)
auch:
Haaseler Gugguggscher (Hasseler Kuckuckchen)

Es geht das Gerücht, einer der Zweibrücker Herzöge sei des öfteren nach Hassel geritten und habe dort – gleich dem Kuckuck – 'sei Eier in fremde Neschder geleed' (seine Eier in fremde Nester gelegt).

Eine Hörerin erzählt, es habe früher in Hassel besonders viel uneheliche Kinder gegeben. Sie weiß aus ihrer Kindheit zu berichten, daß 'witzige' Leute aus den umliegenden Ortschaften ihren Spaß daran hatten, sie immer wieder aufzufordern: 'Kind, saa mò scheen *Banggerd'* (Kind, sag mal schön *Bankert*). In neuester Zeit hat die Gemeinde ihrem Necknamen ein Denkmal gesetzt: einen Brunnen, auf dem ein Kuckuck sitzt.
auch:
Die Haaseler Friehgrumbiere (Die Hasseler Frühkartoffeln)

Eine Hörerin sang das Liedchen:

> Dswische Haasel unn Dingmerd dòò isch e Tunnell,
> wammer ninkummd, wirds dunggel,
> wammer rauskummd, wirds hell.
> (Zwischen Hassel und St. Ingbert ist ein Tunnel,
> wenn man hineinkommt, wird's dunkel,
> wenn man rauskommt, wird's hell.

HAUPERSWEILER – HAUBERSCHWILLER

Hauberschwiller Linsedibbe (Haupersweiler Linsentöpfe)

HAUSBACH – HAUSBICH

Hunn (Hahn)

Es gibt die Wendung: 'Den hätt en Gre.it wie en Hunn' (er hat einen Kamm wie ein Hahn). Deshalb meinte ein Informant, der Neckname könne mit der roten Erde in jener Gegend zu tun haben.

HAUS FURPACH – FUURBACH

HAUSTADT – HAUSCHD

Hauschder Waend (Haustadter Wind)

Zwei Gründe könnten zu dem Necknamen geführt haben: Erstens weht dort ein scharfer Nordostwind, und zweitens galten die Haustadter als 'Windmacher' (Wichtigtuer). 'Se mache vill Drarraa drimmerim u vill Gedinges'. (Sie machen viel Trara drumherum und viel Aufhebens.)

Die Hauptstraße hieß 'de Miljoonegass', weil dort die Wohlhabenderen wohnten. Wenn die Männer sonntags zur Kirche gingen, 'die hodden dann de Schagg de Poo aan' (die hatten dann den Gehrock an.)

auch:
Kaudsen (Kaulquappen)

Die Honzrather ärgern die Haustadter mit dem Spottvers:

> De Hauschder Kaudsen
> de gehn an de Millebach schnaudsen.
> (Die Haustadter Kaulquappen
> gehen an den Mühlenbach und schneuzen sich.)

Als es nämlich noch keine Badezimmer gab, gingen die Haustadter samstags abends zum Mühlenbach: 'Jòò, unn dann iss sich gudd gewäsch genn unn gudd geschnaudsd genn'. (Ja, und dann hat man sich gründlich gewaschen und geschneuzt.)

Redensarten: 'Mer mutt holle wi.et kämmt' (man muß es nehmen, wie es kommt).
'Luu mò le.i, luu mò lòò' (sieh mal hier, sieh mal da).

In Haustadt heißt das Euter 'Nauder', in den Dörfern der Umgegend hingegen 'Auder'.

HECKENDALHEIM – HEGGEDAALEM

Die Heggeschdärdsel (Die Heckenstümpfchen)
auch:
Die Heggeschdordse (Die Heckenstümpfe)
auch:
Die Heggeschdraddser (Die Heckenstratzer)

'Schdraddse' bedeutet: geräuschvoll wässerigen Kot heftig entleeren.

Um den Ort herum gibt es viele Hecken. Und noch heute wird in Heckendalheim im Sommer das Heckenfest gefeiert.

HEILIGENWALD – HELLIJEWALD – HELLIWALD
HOLLIWUDD (HOLLYWOOD; scherzhaft)

Uff de Hellijewald gehn (Nach Heiligenwald gehen)

HEISTERBERG – UFF DE MAUER

HELLENDORF – HELLENDORF

HELLENHAUSEN – HELLEHAUSE

HEMMERSDORF – HIMMESCHTROFF

Der Ort wird geteilt durch die Nied. Hier gibt es, je nachdem auf welcher Seite der Nied man sich befindet, die 'Hietser' und die 'Dòòtser' (die von hier und die von dort). Das heißt: Der Sprechende ist immer der Hietser, der Abwesende der Dòòtser. In Oberesch sagt man dazu 'die He.itserten unn die Dòòtserten'.

HERBITZHEIM – HERWEDSEM – HERWEDSUMM

In umliegenden Orten – z.B. in Reinheim – sagt man 'Herwelsumm'.

Die Laddiener *oder* Laddeiner (Die Lateiner)

Es heißt, die Herbitzheimer seien hochnäsig und hätten immer etwas Besseres sein wollen. Tatsache ist, daß zu Ende des 19.Jh. in jener Gegend die Kalkindustrie aufblühte. Infolgedessen hob sich der Lebensstandard, und die Bauern konnten ihre Söhne nach Blieskastel in die Lateinschule schicken. Viele von ihnen erreichten jedoch nicht das Klassenziel – sie kehrten wieder zur Arbeit ihrer Väter zurück. Sie waren es, die den Necknamen 'die Laddiener' bekamen; später wurde dieser Name für das ganze Dorf verwendet.

HERRENSOHR – KALDNAGGISCH

Als man in Herrensohr mit dem Kohlenabbau begann, kamen Bergleute aus Hessen ins Land. Sie sollen beim Anblick der frisch gerodeten Wälder ausgerufen haben: 'Ach, iss das hier soo kahl unn naggisch!' (Ach, ist das hier so kahl und nackig!), und daraus entstand dann 'Kaldnaggisch'.

Die Bleschhammerer (Die vom Blechhammer)

Der Blechhammer (Blechschmiede) ist ein Ortsteil von Herrensohr. Es haben sich auch im Volksmund die Ortsbezeichnungen 'Glään Kollenie' (Kleine Kolonie) und 'Groos Kollenie' (Große Kolonie) erhalten.

Spottvers: Kaldnaggisch – aarschblaggisch.
        (Kaltnackt – arschblank.)

Um von Herrensohr zur Wilhelmshöhe zu gelangen, muß man durch einen kleinen Fußgängertunnel unter der Bahnlinie hindurchgehen. Das heißt: 'Mer gehn dursch de Dòhle'. (Wir gehen durch den Tunnel.)

HEUSWEILER – HÄISWILLER

Die verlängerte Triererstraße ist 'die Bohnebach' (der Bohnenbach). Die Einwohner rechts der Bahn sind 'die Eggener' (die im Eck wohnen). Dort gibt es auch die 'Scheenweiwergass' (Schönweibergasse).

HIERSCHEID – HIERSCHD

Hierschder Wiggewagge (Hierscheider Wickewacken)

    Hierschder Wiggewagge
    midde grumme Aarschbagge.
    (Hierscheider Wickewacken
    mit den krummen Arschbacken.)

HILBRINGEN – HÈLWERN

HIRSTEIN – HERSCHDE

HIRZWEILER – HERTSWILLER

HIRTEL – HERDEL

HÖCHEN – HEESCHE

Heescher Saunäwwel (Höcher Saunäbel)

Eine Hörerin berichtet: 'Dòò sinn frieher vill Wuddse ge-
schlachd wòòr unn die Saunäwwel uffgehängd wòòr.'
(Hier sind früher viel Schweine geschlachtet worden und
die Saunäbel aufgehängt worden.)

HOLZ – HOLS

Holser Geisediwwele (Holzer Geißendiebe)

Darüber hat Georg Fox eine vierstrophige Moritat ver-
faßt, deren erste Strophe lautet:

Wäär kummd dòò mid Lädderschdiwwel
wie e groosi Schregg-Geschdald?
Das iss doch de Geisediwwel
uff em Wääsch dsem Fröhner Wald.
Alle Reh hadd däär gewilderd
in demm dischde Holser Wald.
Middem groose alde Flobberd
machd däär jeedes Reh schnell kald.
Das iss werglisch nidd gelòò, ihr Leid,
das waar dòòmòòls graad soo.

(Wer kommt da mit Lederstiefeln
wie eine große Schreckgestalt?
Das ist doch der Geißendieb
auf dem Weg zum Fröhner Wald.
Alle Rehe hat er gewildert
in dem dichten Holzer Wald.
Mit dem großen alten Flobert
macht er jedes Reh schnell kalt.
Das ist wirklich nicht gelogen, ihr Leute,
das war damals ganz genau so.)

Dem Holser Geisediwwel soll – so ist geplant – ein
Denkmal in Holz (aber sicherlich nicht *aus* Holz) gesetzt werden.
Dem früher geläufigen 'Holz, Humes und Püttlingen'
liegt der folgende Spottvers zugrunde:

Wäär dursch Hols gehd ohne gerobbd
unn dursch Huumes ohne gefobbd
unn dursch Piddlinge ohne geglobbd,
määr kimmd gligglisch nòò Saarlui.
(Wer durch Holz geht ohne gerupft
und durch Humes ohne gefoppt
und durch Püttlingen ohne geprügelt,
der kommt glücklich nach Saarlouis.)

Merkspruch:
Die Holser Määle mache de Laale dsuu,
Unn die Waalschder Määre mache de Laare dsuu.
(Die Holzer 'Määle' machen den 'Laale' zu,
und die Wahlschieder 'Määre' machen den 'Laare' zu.)
Durch die Wörter 'Määle', 'Määre' (Mädchen) und 'Laale',

'Laare' (Laden) wird die unterschiedliche Aussprache deutlich gemacht.

Es gibt in Holz Katholiken, Protestanten und Lutheraner. Letztere werden 'die Schdrawwelische' genannt. ('schdrawwele' = heftig strampeln. 'Schdrawweler' ist ein weitverbreitetes verächtliches Wort für Sektenangehörige.)

Ältere Holzer kennen noch das Wort 'Schnuur' für Schwiegertochter und 'Bond' (Band) für die eigene Tochter und zitieren den Spruch: E Schnuur iss kä Bond. (Eine Schnur ist kein Band.)

In Holz wird – wie in Frankreich – die Melde gesammelt und als Gemüse gegessen, während sie von den meisten saarländischen Gartenbesitzern als Unkraut betrachtet wird. In Holz nennt man die Melde 'Schissmuus' (Scheißmus), in Saarbrücken 'Schissmähl' (Scheißmelde).

HOMBURG – HUMBORSCH

Humborjer Blaschderschisser (Homburger Pflasterscheißer)

Neckvers: E groosi Schissel unn niggs drin,
de Deiwel maan in Humborsch sinn.
(Eine große Schüssel und nichts drin,
der Teufel mag in Homburg sein.)

Mit diesem Neckvers machen sich die Nachbargemeinden über Homburg lustig, das inmitten weiter sandiger Flächen liegt.

In Homburg sagt man nicht 'ja' oder 'jòò', sondern 'ijja'.

> In Humborsch gebbds die Meedscher
> midde scheene Gleedscher.
> In Bääre gäbbds die Määre
> midde schänne Gläärer.
> (In Homburg gibt's die Mädchen
> mit den schönen Kleidchen.
> In Beeden gibt's die Mädel
> mit den schönen Kleidern.)

In diesem Spruch werden die lautlichen Unterschiede in den Mundarten der beiden Nachbargemeinden Homburg und Beeden deutlich.

HONZRATH – HUNSERD

HOOF – HOOP

Die Einwohner von Hoof sind die 'Heemer' (Heimer (?))

HOSTENBACH – HOOSCHDEBACH

Hooschdebacher Piere (Hostenbacher Birnen?)

Die Hörerin wußte nicht genau, woher der Name kommt. Vielleicht auch von dem französischen Namen 'Pierre'?

HOSTERHOF – HOSCHDERHOOF

Die Einwohner sind die Hoschderheefer (Die Hoster-hofer)

HOXBERG – HUGGSBERSCH

Ein Hörer antwortete auf unsere Frage nach dem Mund-
artwort für Hoxberg mit dem schnell erdichteten Vers:

Fier den Huggsbersch hann Ihr känn Naame?
Ei sinn Ihr dann Dabbese, sinn Ihr Lahme?
'Hoggs' – dat schdammd doch sischer vun 'hooch'
onn 'heeher' ab.
Mergen Ihr ebbes? Falld jeddsd die Glabb?
Onn 'hooch', das haeschd off franseeisch 'haute'
odder 'grande',
Dat waes doch jeeder bei uns im Lande.
Onn 'Berrisch' mer 'Montanje' nennd.
Dat waes doch aach jeedes Kend.
Also – dat fälld mer jeddsd in gans schbondaan,
kenndener dsem Huggsbersch aach Grande Montanje
saan.

(Für den Hoxberg habt Ihr keinen Namen?
Ja seid Ihr denn Dummköpfe, seid Ihr Lahme?
'Hox' – das stammt doch sicher von 'hoch' und
'höher' ab,
Merkt Ihr etwas? Fällt jetzt die Klappe?
Und 'hoch', das heißt auf französisch 'haute'
oder 'grande',
das weiß doch jeder bei uns im Lande.
Und 'Berg' man 'Montagne' nennt,
das weiß doch auch jedes Kind.
Also – das fällt mir jetzt ein ganz spontan,
könntet Ihr zum Hoxberg auch 'Grandmontagne'
sagen.

HÜHNERFELD – HINNERFELD

Früher sagte man: Uff de Hinnerfeld gehn (Nach Hühnerfeld gehen)

Der Name Hinnerfeld bedeutet 'Hinteres Feld'. Unter preußischer Verwaltung wurde 'Hinnerfeld' ins Hochdeutsche übersetzt zu 'Hühnerfeld'. Im Dialekt würde 'Hühnerfeld' niemals 'Hinnerfeld', sondern 'Hiehnerfeld' oder (was noch eher wahrscheinlich ist) 'Hinggelsfeld' heißen.

Spruch: Finnschd duu kää Mann uff dääre Weld,
dann schdei enuff uffs Hinnerfeld.
(Findest du keinen Mann auf dieser Welt,
dann steig hinauf nach Hühnerfeld).
oder:
Unn bischde nidd vun dääre Weld,
dann schdei enuff uffs Hinnerfeld!
(Und bist du nicht von dieser Welt
dann steig hinauf nach Hühnerfeld!)

HÜLZWEILER – HELSWILLER

Die Broggelfresser (Die Dickmilchfresser)
auch:
Die Helswillerer Bollen (Die Hülzweiler Schöpf-kellen)

Bei R. Müller (S. 36) finden wir eine Erklärung für die 'Helswillerer Bollen'. Demnach sollen Mitte des 18. Jahrhunderts, als das Dorf seine erste Kirmes feierte, fliegende Händler und anderes fahrendes Volk zugegen gewesen sein. Die Hülzweiler waren verpflichtet, für deren leibliches Wohl zu sorgen. Sie kochten große Töpfe mit Eintopf, den sie mit großen Suppenkellen ('Bollen') den Fremden ausschöpften.

In den Nachbardörfern sagt man: 'Die Helswillerer sinn midder Boll getubbd'. (Die Hülzweiler sind mit der Schöpfkelle getupft worden). Früher – so wird erzählt – hatte der Kirchenschweizer einen Stab, an dessen Spitze sich eine Weltkugel befand. Damit soll er während des Gottesdienstes schlafende Kirchenbesucher aufgeweckt haben, indem er ihnen zart, aber nachdrücklich mit der Weltkugel gegen den Kopf tupfte.

Dazu erzählt eine Hörerin aus Fraulautern, ihr Bruder habe vor vierzig Jahren eine Hülzweilerin geheiratet. Nach der Trauung sei die frischgebackene Ehefrau hereingekommen und auf ihren Ehemann zugetreten 'midder Boll unn hatt die demm uff de Kopp gehau, dat hatt rischdisch gerappelt. „Sòò, jets bischte aach getuppt", hattse gesaat.' (... mit der Kelle und hat sie ihm auf den Kopf gehauen, das hat richtig gerappelt. 'So, jetzt bist du auch getupft worden', sagte sie.)

HUMES – HUUMES

Huumeser Baggoowe (Humeser Backofen)

Im vorigen Jahrhundert soll dort Kalk gegraben und gebrannt worden sein.

Spottvers s. HOLZ

HÜTTERSDORF – HIDDERSCHTROFF
TAL DER LIEBE (scherzhaft)

Hidderschtrowwer Krippser (Hüttersdorfer Krebsfänger)

Diesen Necknamen erhielten die Hüttersdorfer schon vor einigen hundert Jahren von den Nachbarorten 'die uus näidisch wòòren, wäil mier in der Prins dat Fischeräireschd hodden' (die auf uns neidisch waren, weil wir in der Prims das Fischereirecht hatten). Dieses Recht, besonders auf den Krebsfang hatten sich die Hüttersdorfer durch langes Prozessieren erkämpft.

Hüttersdorf nennt man auch 'Das Tal der Liebe'. Der Name ist 1939 entstanden. Damals wurde in dieser Gegend der Westwall gebaut, es kamen viel Fremde her, die sich nach der Arbeit noch unterhalten wollten. Außerdem waren auch viele Soldaten in dieser Gegend stationiert. Auf dem Tanzboden wurde manch zarte Bande zu den Hüttersdorfer Mädchen geknüpft, denen man nachsagt, daß sie besonders schön und liebenswert seien.

Bei Westwind hörte man in Hüttersdorf das Läuten der Piesbacher Glocken, und dann sangen die Kinder:

> Bimmbamm, woo laud et dann?
> In Pääsbach.
> Wäär iss et dann?
> Et Schisser-Marrei.
> Wat hadd et dann?
> De Pieps.

(Bimbam, wo läutet es denn?
In Piesbach.
Wer ist es denn?
Die Schisser-Marie.
Was hat sie denn?
Den Pips.)

'De Pieps hann' bedeutet 'unpäßlich sein'.

HÜTTIGWEILER – HIDDSCHWILLER

Hiddschwiller Eischerde (Hüttigweiler Eichhörnchen)

I J

Weidmanns Gaudi
Jägersfreude

IHN – INN

ILLINGEN – IELINGE

Ielinger Grambe (Illinger Krampen)

Mit 'Grambe' bezeichnet man einen eigensinnigen Menschen.

ITTERSDORF – IDDERSCHTROFF

Verbrannde Käbb (Verbrannte Köpfe)

Die Ittersdorfer sind als Hitzköpfe bekannt.

ITZBACH – IDDSBACH

JABACH – JÒÒBACH

JÄGERSBURG – JÄERSBORSCH

Jäersborjer Meldeschdrebber (Jägersburger Melden-stehler)

Die Melde gilt im Saarland allgemein als Unkraut; in Jägersburg aber wurde sie als Gemüse gegessen. Eine Jägersburgerin erzählt, daß der Ort über lange Zeit hin gräfliches Garnisonstädtchen gewesen sei; die armen Soldatenfamilien hätten sich von allem ernährt, was nur halbwegs genießbar war.

Eine 80-jährige Frankenholzerin einnert sich: 'Frieher waar Jäersbursch e gans aarm Därfsche. Dòò hann vill Leid gebeddeld, soo aarm waare die Leid. Sinn bei uns nòòd vun Dier dse Dier – drei, vier soo alde Fraue sinn dòò als kumm, die hann kä Rende unn gaar niggs gehadd. Unn dò hann ne die Leid als immer ebbes gebb: *dòò* hannse als mò e Schdigg Brood gried, *dord* e Dass Kaffee – wie das soo gang hadd.' (Früher war Jägersburg ein ganz armes Dörfchen. Viele Leute gingen betteln, so arm waren die Leute. Sie sind bei uns dann von Tür zu Tür gegangen – drei, vier solch alter Frauen sind manchmal gekommen, die hatten keine Rente und gar nichts. Und denen haben dann die Leute immer etwas gegeben: bei dem einen kriegten sie manchmal ein Stück Brot, beim andern eine Tasse Kaffee – wie das halt so war.)

JÄGERSFREUDE – JÄÄSCHERSFREID
WEIDMANNS GAUDI (scherzhaft)

Der Ort teilt sich auf in DE BLESCHHOMMER (Blechhammer) und DE SCHOSSEE (Chaussee).

Uff de Bleschhommer gehn (In den Ortsteil Blechhammer gehen)

Auf dem Blechhammer war früher eine Blechschmiede.

JOHANN-ADAMS-MÜHLE – HANSAMMS MILL

K

**Parrisser Schiggelscher
unn Källerdaaler Fies.**
Köllertal

KAISEN – KÄISEN

KARLSBRUNN – KAARLSBRUNNE

Kaarlsbrunner Mooge (Karlsbrunner Frösche; Kröten)

'In Kaarlsbrunne gebbds sò vill glääne Weiher, unn das waare die Moogeweiher.' (In Karlsbrunn gibt es so viele kleine Weiher, und das waren die Froschweiher.)

KASTEL – KASCHDEL

>Mier gehn mimm Schärrm in die Kärrsch (sagt man in Kastel).
>Mier gehn mimm Schirrm in die Kirrsch (sagt man in Krettnich).
>(Wir gehen mit dem Schirm in die Kirche.)

KERLINGEN – KÄÄRLINGEN

KESSLINGEN – KESSLENGEN

Eileschbiller (Eulenspiegel)

KEUCHINGEN – KEISCHINGEN

Seinen Namen soll der Ort deswegen erhalten haben, weil die Pferde an dem steilen Berg, der dort hinauf führt, immer schrecklich keuchten.

Keischinger Grawwälljer (Keuchinger Krawallmacher)

Keuchingen kam 1776 zur Diözese Metz, das benachbarte Mettlach hingegen gehörte zu Kurtrier. Das führte zwischen den beiden Orten zu vielen Streitigkeiten; die Mettlacher beschimpften die Keuchinger als 'Grawwälljer'.

KIRKEL – KÄRGEL

Die Inselaaner (Die Insulaner)

Kirkel hat in jüngster Zeit seine Dorfstraßen verkehrsberuhigt. Am Ortseingang wurde ein moderner Kreisel angelegt, den die Einwohner 'die Insel' nennen. Sie selbst sind seither 'die Inselaaner'. Der humorvolle Bürgermeister bietet allen Interessenten die Möglichkeit, den 'Bootsführerschein' zu erwerben – Einheimische erhalten Preisermäßigung. Abitur ist nicht Voraussetzung, da sonst nur Limbacher zum Zuge kämen.
auch:
Die Kärgeler Moddere (Die Kirkeler Mütter)

Wenn die Kirkeler Frauen früher auf die Märkte der Umgebung gingen, trugen sie nach ländlichem Brauch 'e Middsje' (eine Art Bluse), 'e Schärds unn e Kobbduuch' (eine Schürze und ein Kopftuch).
auch:
Die Aarme (Die Armen)
auch:
Schdaulbeereglauer (Heidelbeerstehler)

Es gab in den Kirkeler Wäldern viel Heidelbeeren.

In Kirkel sprach man früher ein 'a' anstelle von 'e' – darum der Merkspruch: 'In Kargel am Barg laafe die Fargel darch die Arbse' (In Kirkel am Berg laufen die Ferkel durch die Erbsen).

KIRRBERG – KERRBRISCH

KIRSCHHOF – KIRSCHHOOF
Uff de Kirschhoof gehn (Nach Kirschhof gehen)

KLARENTHAL – GLAAREDAAL

Wenn Klarenthaler ihre Wäsche zum Mangeln bringen, dann gehen sie 'uff die Mongel'; im benachbarten Gersweiler hingegen geht man 'aan die Mang'.

KLEINBLITTERSDORF – BLIDDERSCHDORF – BLIRRSCHDORF

Blidderschdorfer Kinn (Kleinblittersdorfer Kinder)

Im Ort steht der 'Kindschesbrunne' (Kindchenbrunnen).
auch:
Addsele (Elstern)
auch:
Reebleis (Rebläuse)

An den Südhängen gab es dort früher Wingerte (Weingärten). Davon zeugen heute noch die Straßennamen in jenen Gegenden.

KLEINOTTWEILER – GLÄÄNODDWILLER

KNORSCHEID – GNÒÒRSCHD

KOHLHOF – KOHLHOOF
Uff de Kohlhoof gehn (Nach Kohlhof gehen)

KÖLLERBACH – KÄLLERBACH

KÖLLERTAL – KÄLLERDAAL

De Källerdääler Kappeskäpp (Die Köllertaler Kappesköpfe)
(Fox, S.334 f.)

> Källerdaeler Higgehagge
> mid de grumme Aarschbagge.
> (Köllertaler Hickehacke
> mit den krummen Arschbacken.)

Die Menschen im Köllertal galten bei den Städtern als bäurisch und grobschlächtig. Kaufte sich eine Städterin aus Hochmut zu enge Schuhe, dann wurde sie verspottet mit den Worten: 'Parrisser Schiggelscher unn Källerdaaler Fies'. (Pariser Schuhe und Köllertaler Füße.)

'Unn im Källerdaal, dòò hadds e Luurerhegg genn, dòò hann se frieher immer die gabbuddne Schwein hingefahr unn die gabbuddne Kieh'. (Und im Köllertal, da hat es eine Luderhecke gegeben, da wurden früher immer die Kadaver der Schweine und Kühe hingefahren.) 'Unn dòò waar aa de Saubersch, dòò hannse die Sei gehied'. (Und da war auch der Sauberg, da wurden die Säue gehütet.)

Es gab in Köllertal eine alemannisch gefärbte Mundart, und ältere Leute kennen noch den Merkspruch: Gehsche russ ussem Huss, uffem Schbischer siddsd e wiss Kadds, die bissd disch. (Geh raus aus dem Haus, auf dem Speicher sitzt eine weiße Katze, die beißt dich.)

KONFELD – KUNNEWELD

Kunnewelder Gwellscher (Konfelder Pellkartoffeln)

Möglicherweise rührt der Name daher, daß der Ausdruck 'Gwellscher' in den umliegenden Orten nicht geläufig ist. In Oberthal zum Beispiel sagt man 'Gwellesjer' dazu.

We.iskërich – Sche.iskërich
Kunneweld – Ku.ebenloch
Täälener Beddelsägg
We.ierwiller Dischdegg
Ròòbwiller grien Schdadd
Zwòòbich le.id än der Hild
Hëlsbich le.id ëm Loch
Unn die Schääder hadd de Wollef geschdoch.

(Weiskirchen – Scheißkirchen
Konfeld – Rabenloch
Thailener Bettelsäcke
Weierweiler Tischdecke
Rappweiler grüne Stadt
Zwalbach liegt am Hang
Waldhölzbach liegt im Loch
und die Scheidener hat der Wolf gestochen.)

124

Das bedeutet: Weiskirchen war bei den Nachbarn nicht sehr beliebt – also 'Scheißkirchen'. Konfeld wurde – aus welchen Gründen auch immer – als Rabenloch bezeichnet. Die Thailener waren so arm, daß sie betteln gehen mußten. In Weierweiler aber war der Boden fruchtbar, der Tisch war stets gedeckt. Rappweiler, das in einem Bachtal liegt, hat saftig grüne Wiesen. Zwalbach liegt am Hang, Waldhölzbach in einem Loch. Die Bewohner von Scheiden hat – nur um des Reimes willen – der Wolf gestochen? Nein. Der 'Wolf' ist eine zweizinkige Gabel für Getreide und Heu.

KÖRPRICH – KIRPRISCH

Die Körpricher nennen sich selbst die 'Kirper' (Körpricher). Die Einwohner von Diefflen, Körprich, Nalbach und Piesbach werden auch 'de Daeler' (die Talbewohner) genannt.

KOSTENBACH – KOSCHDEBACH – BACH (?)

De Bischer Bòòdsen (Die Kostenbacher Fratzen)

KRETTNICH – KRETTNISCH

Die Herrschafd (Die Herrschaft)

In Krettnich gibt es das Schloß Dagstuhl, das früher die Herrschaft über das Gebiet hatte.

Redensart siehe KASTEL.

KRUGHÜTTE – GRIEHIDD
Ortsteil von Klarenthal

KUTZHOF – KUDDSHOOF
Uff de Kuddshoof gehn (Nach Kutzhof gehen)

Redensart:
   Umm Kuddshoof sinn die Hinggle ver-
   riggd.
   (In Kutzhof sind die Hühner verrückt.)

In Wahlschied hat sich der Spottvers erhalten:

   Die Kuddshoofer Narre
   hann e Kersch unn kä Parre.

   (Die Kutzhofer Narren
   haben eine Kirche, aber keinen Pfarrer.)

L

Limbacher Raddse
reide uff de Kaddse,
reide uffem Budderfass,
ei, ei, ei, wie rabbeld das!
Limbach

LABACH – L**AA**BACH

LANDSWEILER – L**A**NSWELLER
(Landsweiler-Reden)

LAUTENBACH – L**AU**REBACH

Die braare Haabcher (Die breiten Töpfchen)

Der Neckname verspottet die Aussprache der Lauten-
bacher, die vom 'braare Haabche' sprechen und nicht
vom 'brääre Hääbsche' wie in den Nachbardörfern.

LAUTERBACH – L**AU**DERBACH

Lauderbacher Kiehschdribber (Lauterbacher Kühe-
schinder)

Die Informantin meinte allerdings: 'Awwer das därf mer
heid nimmeh sòòn, sunsch werre se bees.' (Aber das darf
man heute nicht mehr sagen, sonst werden sie böse.)

Gern wird auch das Lied gesungen:
    In Lauderbach hann isch mei Schdrumb verlòòr,
    unn ohne Schdrumb gehn isch nidd haam,
    dò laaf isch hald widder nòò Lauderbach dsuu
    unn suuch mer e Schdrumb vòòr mei Baan.

    (In Lauterbach habe ich meinen Strumpf verloren,
    und ohne Strumpf gehe ich nicht heim,
    so laufe ich halt wieder nach Lauterbach hin
    und suche mir einen Strumpf für mein Bein.)

LAUTZKIRCHEN – LAUDSKÄRJE

Laudskärjer Bohnehiddschelscher (Lautzkircher Bohnenstangen)

Wahrscheinlich bedeutet der Name 'Bohnenhüttchen' und erklärt sich dadurch, daß die hohen Bohnenstangen wie spitze Hüttendächer aussehen. In Lautzkirchen werden von alters her viel Bohnen angepflanzt. Man spricht auch heute noch vom 'Laudskärjer Bohneland', und alljährlich wird eine Bohnenkönigin gekürt.

Die Lautzkircher Marktfrauen, die ihre Bohnen auf den Märkten der umliegenden Städte verkauften, unterhielten sich auf jenisch (Rotwelsch), damit die Käufer sie nicht verstehen sollten. Reste dieser Sprache sind heute noch in der Bevölkerung bekannt.
auch:
Lumbesammler (Lumpensammler)

Lautzkirchen wurde gegründet von armen Einwanderern aus Österreich. Sie zogen im Land umher und sammelten Lumpen, Alteisen, Knochen und Papier, um so ihr kärgliches Leben zu fristen. Bis vor dem letzten Krieg gab es in Lautzkirchen eine Fabrik, in der die Lumpen verarbeitet wurden; im Volksmund war sie unter dem Namen 'Lumbefabbrigg' (Lumpenfabrik) bekannt.

Spottvers: Aus Lumbe machd mer Schreibbabbier,
            dòòdruff schreibd mer alde Lieder,
            unn wenn die Lumbe beisamme sinn,
            dann singe se se wieder.

(Aus Lumpen macht man Schreibpapier,
drauf schreibt man alte Lieder,
und wenn die Lumpen versammelt sind,
dann singen sie sie wieder.)

Böse Zungen behaupteten, daß die Lautzkircher 'sisch oowens unner die Deer schdelle unn s Fleesch aus de Dsehn mache, wann se Grumbeere unn Sauermillisch gess hann'. (...sich abends unter die Haustür stellen und das Fleisch aus den Zähnen machen, wenn sie Kartoffel und Sauermilch gegessen haben). Sie waren übrigens nicht der einzige Ort, der von gehässigen Nachbarorten auf diese oder ähnliche Weise gehänselt wurde.

Die verschwindend geringe Zahl von Protestanten hatte in der katholischen Umgebung einen schweren Stand. Eine Protestantin erinnert sich an die 'Religionskriege' in ihrer Jugend. Sogar Steine hätte man nach ihnen geworfen.

Ein Spottvers aus jener Zeit:

Broddeschdandischi Radd,
in Budder gebagg,
in Mähl geriehrd,
dsem Deiwel in die Häll gefiehrd.

(Protestantische Ratte,
in Butter gebacken,
in Mehl gerührt,
zum Teufel in die Hölle geführt.)

Darauf antworteten dann die Protestanten:

Kaddoolischer Zibbel,
schdei eruffer in de Himmel,
schdei erunner in die Häll,
de bisch em Deiwel sei Gesell.

(Katholischer Zipfel,
steige hinauf in de Himmel,
steige hinunter in die Hölle,
du bist des Teufels Geselle.)

Eine Katholikin bestätigt diese 'Protestantenverfolgung': 'Ei jòò, isch hann aa immer soo geruuf unn Schdään geworf. Ei mier hann gemennd, mier dääde e gudd Werg duun, wammer die vernischde gänge, die Ludderische.' (Ja, ich habe auch immer so gerufen und Steine geworfen. Wir glaubten doch, wir täten ein gutes Werk, wenn wir sie vernichten würden, diese Lutherischen.)

LEBACH – LEEBACH

Leebacher Wend (Lebacher Wind)
auch:
Leebacher Wendmacher (Lebacher Angeber)
auch:
Leebacher Wendbeidel (Lebacher Windbeutel)

Alle diese Necknamen wollen zum Ausdruck bringen, daß die Lebacher mehr scheinen möchten, als sie in Wirklichkeit sind.

In den umliegenden Orten kann man hören: 'Sei ruisch, dat lòò ess Leebacher Wend!' (Sei still, gib nicht so an!) *oder:*
'Wann <u>die</u> sunndaas Grumbiersubb gess hann, dann schdelle se sisch vòòr die Hausdier unn mache sischs Fleisch aus de Dsänn. (Wenn <u>die</u> sonntags Kartoffelsuppe gegessen haben, dann stellen sie sich vor die Haustüre und machen sich das Fleisch aus den Zähnen.)

Spottvers: siehe ASCHBACH.

LEIDINGEN – LEIDINGEN

LEITERSWEILER – LAEDERSCHWILLER

Laederschwiller Waffelpäns (Leitersweiler Waffelwänste) *auch:*
Laederschwiller Waffele (Leitersweiler Waffeln)

LIMBACH – LIMBACH
(b. Kirkel)

Limbacher Kärschdschesfresser
(Limbacher Bratkartoffelfresser)

Die Lieblingsspeise der Limbacher – so wird erzählt – seien 'Kärschdschesgrumbiere' gewesen. Das sind kleingewürfelte, sehr knusprig gebratene Kartoffeln.
auch:
Limbacher Raddse (Limbacher Ratzen)

Limbacher Raddse
reide uff de Kaddse,
reide uffem Budderfass,
ei, ei, ei, wie rabbeld das!

(Limbacher Ratzen
reiten auf den Katzen,
reiten auf dem Butterfaß,
ei, ei, ei, wie rappelt das!)

LIMBACH – LËMBACH
TIRK_EI_

De Tirken (Die Türken)

Limbach liegt im Bohnental, zu dem auch noch die Orte Dorf, Dörsdorf, Linscheid, Neipel und Überroth-Niederhofen gehören. Ihre Bewohner werden in der Umgegend 'die Tirken' (Türken) genannt. Es sollen früher einmal Leute aus diesen Dörfern ins Banat ausgewandert und wieder von dort zurückgekommen sein. Auf sie soll der Neckname zurückzuführen sein. Im Bohnental selbst bezeichnet man jedoch nur die Limbacher als 'de Tirken'.

Ein Limbacher Pastor soll vor langer Zeit einmal seine Schäfchen folgendermaßen von der Kanzel herab gerügt haben: 'Türken wart ihr, Türken seid ihr, Türken bleibt ihr. Christen werdet ihr nie.'

LINDEN – LINNE

LINDSCHEID – LINNSCHED

In Scheuern vermerkt man folgende sprachlichen Unterschiede: Der Rechen heißt in Scheuern 'Re*sch*en', in Lindscheid 'Re*ch*en', der Weg heißt in Scheuern 'Wää*sch*', in Lindscheid 'Wäech' (wobei das *ch* gesprochen wird wie in dem Wort 'Ba*ch*').

In Lindscheid sagt man Kërësch (Kirche), Ko.uchen (Kuchen), Lë.id (Leute).
Ein Theleyer Ehemann neckt seine aus Lindscheid stammende Ehefrau, indem er ihren Dialekt nachahmt: 'Kumm, mer ge.in Ko.uchen assen' (Komm, wir gehen Kuchen essen). Sie ihrerseits hänselt ihn (mit stark gerolltem r-Laut) wegen seines Theleyer Dialekts: 'De Teeler sinn mimm Schärrrm vòòr der Kärrrsch geschdärrrdsd'. (Die Theleyer sind mit dem Schirm vor der Kirche gestürzt.)

LISDORF – LE.ISCHTROFF

Le.ischtrowwer Purretten (Lisdorfer Lauch)
auch:
Le.ischtrowwer Purrettenposserten (Lisdorfer Lauchveredler)
auch:
Liesdorfer Kabbesbauern (Lisdorfer Kappesbauern)
auch:
Lieschtrowwer Kabbeskäbb (Lisdorfer Kappesköpfe)
auch:
Le.ischtrowwer Päädschesdrääder (Lisdorfer Pfädchentreter)

Lisdorf ist als Gemüseanbauland bekannt. Die Lisdorfer Bauern bringen ihre Ware in die Städte auf den Markt. In den umliegenden Orten spottet man gern: 'Liesdorfer Fies unn Saarluier Schuh' (Lisdorfer Füße und Saarlouiser Schuhe), wenn eine Frau sich elegante Schuhe kauft, obgleich ihre Füße sich darin nicht wohlfühlen, weil sie an bequemes Schuhwerk gewöhnt sind.

Um das krächzende Gaumen-r in der Lisdorfer Sprache zu charakterisieren, sagt man in den Nachbarorten, 'se schlärren' (Fox, S. 336).

LOSHEIM – LUUSEM

Luusemer Messerschdescher (Losheimer Messerstecher)

Den Losheimern wird nachgesagt, daß sie bei einem friedlich verlaufenden Fest um Mitternacht enttäuscht fragen: 'Wat? Schunn zwällef Auer unn emmer noch kae Dooden?' (Was? Schon zwölf Uhr und immer noch kein Toter?)

LUDWEILER – LUDDWILLER

Die Beelees (Die Schweinetreiber? Die Pellen-Esser?)

Ludweiler ist ein Hugenottendorf, davon zeugen noch die Familiennamen Bachelier, Desgranges, Lawall, Rennollet u.a. Die Ludweiler glauben daher, daß auch ihr Neckname auf die französische Abstammung der Ludweiler zurückgeht; sie leiten die Beelees ab von dem französischen Wort 'belle'. Die Ludweiler wären demnach 'die Schönen'.

Andere Erklärungen finden sich bei R. Müller (S. 37). Dort heißt es, früher habe man die Ludweiler Schweinetreiber 'Beelees' genannt. Es könne aber auch sein, daß der Name im 17. Jahrhundert für ein Gericht aus Tierdärmen verwendet wurde. Dieses Gericht war hundert Jahre später bekannt als 'Anduddeln' (franz.: robes d'andouille = Wurstpellen). Demnach wären die 'Beelees' als 'Pellen-Esser' zu ihrem Necknamen gekommen.

Eins steht fest – die Ludweiler sind keine Kostverächter: 'An der Luddwiller Kirb honn die Luddwiller Fraue Paschdeedekuuche gebaggd; unn wie die verdsehle, waar das e Reddsebd, woo die Huggenodde aus Fronggreisch midgebrung honn. Das iss in Roodwein ingeleedes Fleisch mid Heefedeisch unn abgedeggd. Däär wird dann waarm serwierd, unn dann honn se e gudd Glaas Wein dedsuu gedrungg.' (An der Ludweiler Kirmes haben die Ludweiler Frauen Pastetenkuchen gebacken; und wie sie behaupten, war das ein Rezept, das die Hugenotten aus Frankreich mitgebracht hatten. Das ist in Rotwein eingelegtes Fleisch in Hefeteig. Das wird dann warm serviert, und dazu wurde ein gutes Glas Wein getrunken.)

Gelegentlich hört man dort noch den Ausdruck 'Schnuur' für die eingeheiratete Schwiegertochter. Man sagt: 'E Schnuur iss e Schnuur unn iss kä Bond.' (Eine Schnur ist eine Schnur und ist kein Band). Auch der Ausdruck 'Dochdermonn' (Tochtermann) für Schwiegersohn kommt noch vor.

LUISENTHAL – LUIESEDAAL – KOOWEHOOF
Uff de Koowehoof gehn (Nach Luisenthal gehen)

Die Luiesedaaler Koowehoofer (Die Luisenthaler Krähenhofer)

Es muß wohl sehr viel Krähen gegeben haben in jener Gegend.
auch:
Die Glaasschbaddse (Die Glasspatzen)

LUMMERSCHIED – NUMMERSCHD

Das ist kein Druckfehler. Der Ort wird in der Mundart mit einem N am Anfang gesprochen.

M

**Hall disch feschd,
s gehd nòò Meibach!**
Maybach

MACHERBACH – MACHERBACH

MAINZWEILER – MAEDSWELLER

Maedsweller Bladdfies (Mainzweiler Plattfüße)

MALSTATT – MÒÒLSCHD
(seit 1909 Stadtteil von Saarbrücken)

Mòòlschder Doodschlääer (Malstatter Totschläger)
auch:
Die finf Emm (Die fünf M)

Das bedeutet: 'Mier Mòòlschder maches mimm Maul'
(Wir Malstatter machen's mit dem Maul). Anscheinend
galten die Malstatter als Angeber.

Eine legendäre Figur ist 'de Blòòspidd vun Mòòlschd'
(der Blaspeter von Malstatt). Auf die Frage: 'Woo gehsch-
de dann hin?' (Wo gehst du denn hin?) erhält man oft zur
Antwort: 'Bei de Blòòspidd vun Mòòlschd' (Zum Blaspeter von Malstatt) – und dann ist man genau so schlau
wie zuvor.

MARIAHÜTTE – MARRIA BUUSE

Die Bewohner werden 'die Buuser' genannt.

Früher war das Wort 'Buss' in dieser Gegend allgemein ge-
bräuchlich für Hütten, Eisenwerke und sogar für Gruben.
'Die Leid fahre uff die Buss' (Die Leute fahren auf die
Buß) bedeutete: Sie fahren zu ihrer Arbeitsstätte in eines

der genannten Werke. Im Pfälzer Wörterbuch finden wir unter dem Stichwort BUSEM unter Punkt 4: „'altertümlicher Rauchfang in der Bauernküche', vgl. Schornsteinbusen..."

MARPINGEN – MAERBINGE

Maerbinger Moorde (Marpinger Mohrrüben)

Man sagt, dort habe es viele Rothaarige gegeben. Wollte man die Marpinger ärgern, dann band man sich ein Bündel Gelbrüben sichtbar auf den Gepäckträger des Fahrrades und fuhr durch den Ort. Natürlich setzte es Prügel, wenn ein Marpinger den Spottvogel erwischte.
auch:
Maerbinger Monschdranseglauer (Marpinger Monstranzenstehler)

Vor langer Zeit wurde in der Marpinger Kirche eingebrochen – ein Delikt, das bis dato undenkbar war. Höchstwahrscheinlich waren die Täter keine Ortsansässigen, aber der Spottname blieb an den *Marpingern* hängen.

Bei Fox (S. 336) heißt es:

> Durch Urexweiler ohne gefoppt,
> Durch Marpingen ohne gekloppt,
> Den kemmt durch de ganz Welt!

Dieser Spruch hat für Urexweiler bis heute Geltung; dort wird ein Fremder noch immer gern gefoppt. In Marpingen jedoch braucht man keine Prügel mehr zu fürchten.

MARTH – MAART

MAUSCHBACH – M<u>AU</u>SCHBACH

'E Mauschbacher' (ein Mauschbacher) ist das im ganzen Saarland unter den älteren Arbeitern noch bekannte Schimpfwort für einen Streikbrecher. Es geht zurück auf den Streik von 1889. Damals gehörte die Grube Dechen zu den wenigen Gruben, die sich erst sehr spät an dem Streik beteiligten. Die Bergleute, die während der Woche dort im Schlafhaus wohnten, waren fast ausschließlich Mauschbacher. Sie fuhren während des Streiks unter Polizeischutz ein und wurden dafür von ihren streikenden Kollegen entsprechend beschimpft und verächtlich behandelt.

Es gibt eine bekannte Redensart: 'So lang wie Mauschbach'. Das ist ironisch gemeint und bedeutet 'sehr kurz', denn Mauschbach ist ein sehr kleines Straßendorf mit wenig Häusern.

MAYBACH – M<u>EI</u>BACH
In die Meibach gehn (Nach Maybach gehen)

Zu Maybach gehört 'das Glaaraschachd' (der Klaraschacht). Dort wurde zur Zeit der Koreakrise eine neue Siedlung gebaut, und es gab um die Wohnungen viel Streit unter den Beteiligten. Diese Siedlung erhielt deshalb den Necknamen 'Nei-Korreea' (Neu-Korea), und die Kinder wurden in der Schule 'die Korreaaner' genannt.

'Hall disch feschd, s gehd nòò Meibach!' (Halte dich fest, es geht nach Maybach!) So pflegte früher ein Autofahrer zu sagen, wenn eine abschüssige Strecke kam.

MECHERN – MESCHERN

MEDELSHEIM – MEDDELSEM – MEDDELSUMM

Die Parrniggel (Die Pfarrnickel)

Medelsheim liegt in der 'Parr' (Pfarrei). Der Neckname soll auf einen Medelsheimer zurückgehen, der Niggel (Nikolaus) hieß und als 'Niggelpadd' (Nickelpate) weithin bekannt war, weil er eine große Zahl von Patenkindern besaß. Sie alle wurden nach diesem Patenonkel Nikolaus genannt und Niggel gerufen.

MENNINGEN – MENNINGEN

MENSCHENHAUS – MENSCHEHAUS

MERCHINGEN – MERSCHINGEN

Merchinger Plattfe.is (Merchinger Plattfüße)
auch:
Hunnen (Hunnen)

Mit dem Merkspruch: 'Se hunn misch wööleblöö geschlaa' (Man hat mich heidelbeerblau geschlagen) machten sich andere Orte über die lautlichen Besonderheiten der Merchinger Mundart lustig.

MERCHWEILER – MERSCHWILLER – MÄÄRSCHWELLER

Merschwiller Higgehagge (Merchweiler Hickehacke)

Merschwiller Higgehagge
midde grumme Aarschbagge,
midde grumme Sohle,
de Deiwel soll se hoole.

(Merchweiler Hickehacke
mit den krummen Arschbacken,
mit den krummen Sohlen,
der Teufel soll sie holen.)

auch:
Messerschdescher (Messerstecher)

Dieser Neckname soll sich aber nur auf einen Ortsteil beziehen.

Merchweiler besteht aus drei Ortsteilen. Ältester Teil ist
'es Dorf', zweitältester 'die Glaashidd' (Glashütte) und
jüngster 'de Wolf'. Die Einwohner erkennen sich an ihrem Dialekt. Während man im Dorf 'Borrem', 'gääl',
'Schangg' sagt, heißt es in den beiden andern Ortsteilen
'Boddem', 'gelb', 'Schrangg' (Boden, gelb, Schrank).

MERZIG – MIERZICH
Up Mierzich gehn (Nach Merzig gehen)

Mierzijer Powweischésser (Merziger Pflasterscheißer)

Merzig ist eine Stadt. 'Powwei' wird dort das Straßenpflaster genannt. 'Powwei' bedeutet auch das gepflasterte Stück zwischen Haus und Straße. In Merzig feiert man heute das 'Powwei-Feschd' (Straßenpflaster-Fest).

Ein Merziger erzählt, daß es dort den 'Hundsmatz' gab. Er fing herrenlose Hunde ein und schlachtete sie. Bei ihm kauften viele Leute Hundefett, das sie nicht nur als Heilmittel gegen Tuberkulose, sondern auch gegen alle Erkältungskrankheiten der Atemwege verwendeten. Der Erzähler weiß sich aber auch zu erinnern, daß ein Hundebraten nichts Ungewöhnliches war; er selbst hat als junger Bursch bei einem Kameraden davon gegessen und er schwärmt noch heute von dem guten Geschmack.

METTLACH – METTLICH

Mettlijer Mooken *oder* **Muuken (Mettlacher Kröten)**
auch:
Mettlijer Mookenfresser (Mettlacher Krötenfresser)

In den feuchten Saarwiesen gab es viele Kröten. Bis heute heißt das Sonnental 'Mookeloch'.
auch:
Mettlijer Frippcher (Mettlacher Flittchen; Luftikusse)

Mit der von Johann Franz Boch im Jahre 1809 gegründeten Töpferei begann die Industrialisierung des ehemaligen Schifferdorfes Mettlach. Viele Einwohner fanden Arbeit in der Keramikfabrik. In dem Buch '1300 Jahre Mettlach' (S. 153) wird berichtet, daß die Beamten der Fabrik als 'Sesselpuper' (Sesselfurzer) und die Arbeiter und Angestellten als 'Deppches' (Töpfchen) bezeichnet wurden. Die Leute aus der Umgebung behaupten, die Mettlacher hätten alle 'e Furts im Kobb' (einen Furz im Kopf). Oder – wie eine Pachtenerin es ausdrückt – 'die hann en Gingkel' (sie haben einen Dünkel). Die Informantin berichtet weiter von einem Mettlacher Brauch: Wenn jemand gestorben ist, dann haut man ihm kurz auf den Kopf. War der Verstorbene ein echter Mettlacher, dann macht es kurz noch 'pfft!!', und damit ist der Echtheitsbeweis erbracht.

Noch heute erzählt man sich von jenen Schulentlassenen, die einst bei Villeroy & Boch zu arbeiten begannen. In ihrem Eifer, als fleißige Burschen zu gelten, fragten sie immer wieder ihren Vorgesetzten: 'Wat mache mer awwei?' (Was sollen wir jetzt tun?) Bis es dem eines Tages zu dumm wurde und er sagte: 'Wei siewen mer de Damb im Kessel raus' (Jetzt sieben wir den Dampf im Kessel heraus).

METTNICH – METTNISCH

Ein Hörer weiß zu berichten, daß sich bei Mettnich zu Beginn des 2. Weltkrieges ein Feldflugplatz der deutschen Luftwaffe befunden habe. Er sei das Ziel von französischen Aufklärungsfliegern gewesen, die dort folgendes Flugblatt abwarfen: 'Mettnich im Loch, wir finden dich doch.'

In den Nachbarorten wird behauptet: 'De Mettnischer schwätse dursch de Hals'. (Die Mettnicher sprechen durch den Hals.) Und gern ahmt man die angeblich gepreßt klingende Sprechweise der Mettnicher nach.

MICHELBACH – MESCHELBACH

MIMBACH – MIMMBACH
GWEGGEMIMMBACH
(QUECKENMIMMBACH; scherzhaft)

Mimmbacher Gweggehagger (Mimbacher Quecken-hacker)
auch:
Mimmbacher Gweggeschnerres (Mimbacher Queckenschnurrbärte)

Von den Mimbachern wurden die vielen Quecken in ihren Feldern nicht – wie anderswo – als lästiges Unkraut betrachtet, sondern 'geerntet', d.h. sie wurden aus dem Boden herausgehackt, sorgfältig gewaschen und 'dòòmid isses Vieh gefiddert wòòr, unn das hadd sò gudd Milsch gebb' (damit wurde das Vieh gefüttert, und das gab eine sehr gute Milch). In schlechten Zeiten wurden die Quecken sogar unter das Mehl zum Brotbacken gemischt.

Da es auf dem Mimbacher Bann – im Gegensatz zu benachbarten Orten – keinen Kuckuck gab, sagte man den Mimbachern nach, sie hätten 'ehr Gaugaug vòòr Seddsgrumbeere verkaaf' (ihren Kuckuck für Setzkartoffeln eingetauscht).

MITTELBEXBACH – MIDDELBEDDSCHBACH

Beddschbacher Wiggewagge (Bexbacher Wickewacken)

Beddschbacher Wiggewagge
mid de grumme Aarschbagge,
mid de grumme Sohle,
de Deiwel soll eisch hoole!

(Bexbacher Wickewacken
mit den krummen Arschbacken
mit den krummen Sohlen,
der Teufel soll euch holen.)

MITLOSHEIM – LO̲USEM

MONDORF – MO̲O̲NDORF

MORSCHOLZ – MU̲U̲RSCHELS

MOSBERG – MО̀О̀SBERSCH

MÜHLFELD – MЁLWED

Ein Fremder fragte dereinst zwei Frauen, ob er auf dem rechten Weg nach Mühlfeld sei. Sie wußten es selbst nicht. Als der Fremde längst außer Sichtweite war, sagte die eine Frau zur andern: 'Er werd doch nidd Mёlwed gemaend hann?' (Er wird doch nicht Mühlfeld gemeint haben?)

MÜNCHWEILER – MI̲NSCHWILLER

MÜNCHWIES – MINSCHWIES

Uff die Minschwies gehn (Nach Münchwies gehen)

Dreidseh-Virdseh (Dreizehn-Vierzehn)

'Das bedeid: 13 Heiser unn 14 Schbiddsbuuwe'. (Das bedeutet: 13 Häuser und 14 Spitzbuben.)
auch:
Minschwieser Walddeiwele (Münchwieser Waldteufel)

MÜNZINGEN – MENTSINGEN

N

**Bääsembinner unn
Wärdsbacher Jeddscher.**
Niederwürzbach

NALBACH – NÒÒLBACH

Ein Spitznamen ist für die 'Nòòlbächer' nicht bekannt. Die Einwohner von DLefflen, Körprich, Nalbach und Piesbach werden auch 'de Daeler' (die Talbewohner) genannt.

NAMBORN – NAAMBORRE

Naamborrer Remm (Namborner Raben)

Möglicherweise gab es sehr viele Schwarzhaarige in Namborn.
auch:
Naamborrer Herrgodde (Namborner Herrgötter)

Der Name soll auf die Männer einer durch Generationen dort ansässigen Familie zurückgehen, die alle sehr geschickt waren und deren Vorfahr schon seines vielseitigen Könnens wegen 'de Herrgodd' (der Herrgott) genannt wurde.
auch:
Die Naamborrer Herrgäddscher (Die Namborner Herrgöttchen)

Vielleicht geht der Name 'Herrgodde, Herrgäddscher' auch darauf zurück, daß die Namborner einmal in einer Osternacht das Kreuz zerbrochen haben, als sie damit – dem Brauch gemäß – an der Kirchentür anklopften.

NAßWEILER – NASSWILLER

NEIPEL – NË.IPEL

NENNIG – NENNESCH

De Nennejer Kälwer (Die Nenniger Kälber)

NEU-ALTHEIM – NEI-ALDEM

Aldemer Pinninger (Altheimer Pinninger)

Ein Hörer berichtet: 'Auf dem Territorium des heutigen Neu-Altheim lag dereinst das Dorf Pinningen. Es war schon vor dem 30-jährigen Krieg untergegangen und wurde erst nach dem 30-jährigen Krieg als Neu-Altheim wieder aufgebaut. Der alte Name ist aber noch im Bewußtsein des Volkes verankert, 'weil wemmer heid in Dsweebrigge in de Buss inschdeid unn verlangd sisch e Fahrkaard noo Pinninge, do gried mer vumme *bekannde* Bussfahrer e Fahrkaard noo Nei-Aldheim; unn e *annerer* saad, doo dääd er nidd hienfahre.' (... weil wenn man heute in Zweibrücken in den Bus einsteigt und sich einen Fahrschein nach Pinningen verlangt, dann erhält man von einem *ortskundigen* Busfahrer einen Fahrschein nach Neu-Altheim, ein *anderer* aber sagt, daß er nicht dorthin fahren würde.)

In Böckweiler erzählt man, daß es eine Art Krieg gegeben habe zwischen Altheim und Neu-Altheim. Die Altheimer hätten nicht erlaubt, daß in Neu-Altheim mehr als sieben Schornsteine gemauert wurden, d.h. der Ort sollte winzig bleiben.

NEUE WELT – NAU WELT

NEUFORWEILER – NAUFÒÒRWEILER – BEDÒÒFINGEN
(von französisch: Bourg Dauphin)

NEUNKIRCHEN – NIENKERJE
Gem. Nohfelden

Die Oldeburjer (Die Oldenburger)

Das Dorf gehörte früher zum Großherzogtum Oldenburg.

NEUNKIRCHEN – NEINKÄRJE

**Neinkärjer Blaschderschesser (Neunkircher Pflaster-
scheißer)**
auch:
**Neinkärjer Hiddegloowe (Neunkircher Hüttenklo-
ben)**

'E Gloowe' (ein Kloben) ist ein grober, ungehobelter
Mensch.
auch:
Neinkärjer Hiddefleeh (Neunkircher Hüttenflöhe)

Die 'Hiddefleeh' sind die glühenden Funken beim Hoch-
ofenabstich.

Während der Neckname 'Blaschderschesser' für die
Neunkircher Bevölkerung allgemein galt, wurden als

'Hiddegloowe' und 'Hiddefleeh' vorwiegend die Hüttenarbeiter bezeichnet.
auch:
Dachgauwepiddscher (Dachgaupenpeterchen)
oder:
Gauwepiddscher (dasselbe)

Eine Hörerin meinte, der Name könne daher kommen,
daß die Besitzer der niedrigen Einfamilienhäuser mit der
Hand bis zur Dachgaupe reichen konnten.

NEUWEILER – NEIWEILER – HOOF

Die Hoofer (Die Hofer)
Das ist kein Neckname, sondern die alte Bezeichnung für
die Bewohner des Ortes, der einst ein Gehöft war, nämlich der Neuweiler Hof.

Alljährlich feiert die Gemeinde das 'Hofer Dorffest'.

NIEDALTDORF – ALTROFF

NIEDERBEXBACH – NIERERBEDDSCHBACH
MALSOGGSEBACH (scherzhaft)

**Niererbeddschbacher Malsoggse (Niederbexbacher
Malzochsen)**

Im Ort wohnten früher meistens Bauern. Sie holten das
Malz aus den Brauereien der umliegenden Orte als Viehfutter.

NIEDERGAILBACH – GÄÄLBACH

Gäälbacher Muuskäbb (Niedergailbacher Musköpfe)
Ein Muskopf ist ein Kopf mit wirren Haaren.

NIEDERHOFEN – NIERRUUWE

NIEDERKIRCHEN – NIDDERKERJE – NERRERKERJE

NIEDERLINXWEILER – LINGGSWELLER

NIEDERSALBACH – NELLERSALLBACH

NIEDERSAUBACH – NELLERSAUBACH

Eischerde (Eichhörnchen)

Man erzählt sich in den Nachbargemeinden: 'Die hann immer versuuchd, Eischerde se fange unn hann nie ääner gridd.' (Die haben immer versucht, Eichhörnchen zu fangen, und haben nie eines erwischt.)

Wahrscheinlich aber kommt der Neckname daher, daß die Niedersaubacher 'eisch' sagen statt 'isch' (ich) wie in den Nachbargemeinden. Diese lautliche Besonderheit wurde dann vom Volksspott personifiziert; und so wurden aus denen, die 'eisch' sagten, die 'Eischerde'.

NIEDERWÜRZBACH – WÄRDSBACH

Da die Oberwürzbacher ihren Ort auch nur als 'Wärdsbach' bezeichnen, wird – wenn unbedingt erforderlich – von 'Owwerwärdsbach' und 'Unnerwärdsbach' gesprochen.

Wärdsbacher Hunne (Niederwürzbacher Hunnen)

Die Niederwürzbacher – so erzählt man sich in den Nachbarorten – sollen von den Hunnen abstammen. Die 'Ureinwohner' seien kleinwüchsig gewesen, dabei sehr rabiat und streitsüchtig. Auffällig bis zum heutigen Tag seien die krummen Beine vieler Niederwürzbacher. 'Das hadd e Wärdsbacher Gang' (Sie hat einen Würzbacher Gang), sagte man von einem Mädchen oder einer Frau. 'Weil die Wärdsbacher die laafe mid immer ääner Fuus soo schrääsch vòòrm annere – unn das isch de Wärdsbacher Gang'. (Weil die Würzbacher beim Gehen immer einen Fuß so schräg vor den andern setzen – und das ist der Würzbacher Gang.)
auch:
Bääsembinner (Besenbinder)
auch:
Jeddscher (Jettchen = Henriettchen)

Im Ort gab es früher Besenbinder; deren Frauen zogen durchs Land, um die Besen zu verkaufen. Man nannte sie 'die Wärdsbacher Jeddscher' (Würzbacher Jettchen). Später wurden dann alle Würzbacher so genannt, auch die männlichen Personen. Ob unter den Besenverkäuferinnen wirklich einmal eine 'Jette' (Henriette) war, läßt sich nicht mehr feststellen.

In Niederwürzbach ist noch der Ausdruck 'Kolless' gebräuchlich für die Straßenrinne (frz. coulisse).

NOHFELDEN – NOHFELDE – NÒHFELLE

Die Oldeburjer (Die Oldenburger)

Das Dorf gehörte früher zum Großherzogtum Oldenburg.
auch:
Nòhfeller Wend (Nohfelder Wind)

Es stand früher eine Burg in Nohfelden; möglicherweise trugen die Bürger deshalb die Nase ein bißchen höher. Als 'Wind' werden nämlich jene Orte bezeichnet, deren Bewohner sich für etwas Besseres halten.

NOHN – NUHN

Nuhner Buhnen (Nohner Bohnen)
auch:
Buhnenfresser (Bohnenfresser)

Die Nohner feiern alljährlich ihr Bohnenfest.

'Vun Nu(h)n aus gehds berschab.' (Von nun an geht's bergab.)

Dieses Wortspiel entspricht den Tatsachen, denn von Nohn aus geht es steil bergab zur Saar.

NONNWEILER – N<u>U</u>NNWELLER

Nunnweller Wend (Nonnweiler Wind)

Mit 'Wend' wurden jene Orte bezeichnet, deren Bewohner sich vornehmer dünkten als die der umliegenden (meist bäuerlichen) Gemeinden.

NOSWENDEL – N<u>OO</u>SWENNEL

NUMBORN – N<u>U</u>MMERE

NUNKIRCHEN – N<u>U</u>NNKÄRJE

Nunnkärjer Wend (Nunkircher Wind)
auch:
Nunnkärjer Wurschtfresser (Nunkircher Wurstfresser)

O

'Aha', meinte der Bischof,
'darum also heißt dieser
Ort Orsch-holz'.
Orscholz

OBERBEXBACH – OWWERB<u>E</u>DDSCHBACH

Sandhaase (Sandhasen)

OBERESCH – <u>OO</u>WERÄSCH

Pillcher (Küken)

OBERKIRCHEN – <u>O</u>WWERKERJE

Owwerkerjer Feeschder

Eine Erklärung für den Namen konnte uns niemand geben.

Einst soll ein Pfarrer in seinem Bericht geschrieben haben: 'Die Oberkircher können gut mauern, gut singen und gut Schnaps trinken.' Das scheint zu stimmen, denn die Oberkircher sagen: 'De Schnabbs schmeggd mòòrjens wie Silwer, middaas wie Gold, und òòweds isser mid kääm Geld se bedsahle.' (Der Schnaps schmeckt morgens wie Silber, mittags wie Gold, und abends ist er mit keinem Geld zu bezahlen.)

OBERLEUKEN – U.EWERL<u>Ä</u>.<u>I</u>KEN – L<u>Ä</u>.<u>I</u>KEN

Lä.iker Broodsägg (Oberleukener Brotsäcke)

Im Ort wohnten früher viel arme Leute, und wenn sie morgens aus der Kirche kamen, gingen sie zum Haus des reichen Bauern, der neben der Kirche wohnte, und bekamen dort ein Stück Brot 'unn dat hunnse dann mit haam-

gehull. Dòòhäär dann den Nummen Broodsägg.' (...und das haben sie dann mit nach Hause genommen. Daher dann der Name Brotsäcke.)
auch:
Fräschefänger (Fröschefänger)

Im Mai ist die Kirmes, dann werden die 'Bëddschelscher' (Zicklein) geschlachtet, 'dat die freem Leid lòò aa ebbes se eesen hadde, wenn se nòò Lä.ike kumm senn' (daß die fremden Leute, d.h. die Gäste, auch etwas zu essen hatten, wenn sie nach Oberleuken kamen). Die Kirmes hat den Namen 'Bëddschelkermes'.

Ein Oberleukener berichtet: 'In Lä.ike se.it mer: mach et Luut aus; in Urschels se.it mer: mach et'Litt aus'. (In Oberleuken sagt man: mach das Luut aus; in Orscholz sagt man: mach das Litt aus. Luut, Litt = Licht.)

'ko.utsen' bedeutet in Oberleuken: nach Kuhstall riechen.

OBERLIMBERG – LIMBERSCH

Man bezeichnet Oberlimberg auch als 'et Limberjer Dorref' (das Limberger Dorf).

OBERLINXWEILER – OWWERLINGGSWELLER

OBERPERL – U.EWERPIERL

OBERSALBACH – OWWERSALLBACH

OBERTHAL – QWWERDAEL

In de Owwerdael gehen (Nach Oberthal gehen)
Ins Dael gehen (dasselbe)

Die früheren Gemeinden Osenbach (Òòsebach), Inweiler (Emmwiller) und Linden (Linne) sind erst im vorigen Jahrhundert als 'Oberthal' zusammengewachsen.

Das Gebiet mit den Ortschaften Gonnesweiler, Oberthal, Neunkirchen, Selbach, Steinbach-Deckenhardt heißt im Volksmund 'Die kald Seid' (Die kalte Seite), weil das Klima – bedingt durch eine Wetterscheide – dort rauher ist.

Reddlgräämer *oder* Rerrlgräämer (Rötelkrämer)

In dieser Gegend ist der Boden stark rötelhaltig. Es bot sich also an, diesen 'Bodenschatz' zu nutzen. In der 2. Hälfte des 19. Jh. verdienten viele Bewohner von Oberthal und Umgebung ihren Lebensunterhalt durch den Verkauf von Rötel. Die Händler (oft ganze Familien) zogen mit ihrer Ware in Eselskarren durchs Land, manche bis nach Südfrankreich und Ostpreußen. Wenn sie im Herbst in ihre Dörfer zurückkehrten, wurde Kirmes gefeiert. Bis heute findet die Kirmes zu diesem Zeitpunkt – nach Maria Geburt – statt, und neuerdings sind auch die 'Rerrlgräämer' in ihren historischen Kitteln und mit ihren Eselskarren wieder beim Festzug dabei. – Heute werden in Oberthal Kurse im Rötelmalen angeboten.

Eine Besonderheit der Oberthaler Mundart ist der betonte Murmellaut. Beispiel: 'e pëër Pëër' (ein paar Pferde).

OBERWÜRZBACH – WÄRDSBACH

Da die Oberwürzbacher ihren Ort auch nur als 'Wärdsbach' bezeichnen, wird – wenn unbedingt erforderlich –
von 'Owwerwärdsbach' und 'Unnerwärdsbach' gesprochen.

Wärdsbacher Mauleesele (Oberwürzbacher Maulesel)

Als die Eisenbahn gebaut und von St. Ingbert nach Niederwürzbach über Oberwürzbach verlaufen sollte, mein-
ten die Oberwürzbacher, sie brauchten keine Bahnlinie,
sie könnten ihre Transporte nach Niederwürzbach auch
weiterhin auf Mauleseln durchführen.

Früher machten sich die Burschen aus den umliegenden
Ortschaften einen Spaß daraus, das Futter ihrer Hosen-
taschen herauszustülpen und provozierend mit diesen
'Eselsohren' durch Oberwürzbach zu gehen. Dabei muß-
ten sie natürlich mit Handgreiflichkeiten von seiten der
Gefoppten rechnen.

Eine junge Oberwürzbacherin berichtet, daß ihr Großvater aus Hassel sie bei jedem Besuch zum Spaß an den
Ohren faßte, um zu sehen, ob es wirklich Eselsohren
seien.

OMMERSHEIM – OMMERSCHEM –
UMMERSCHEM – UMMERSCHUMM

Ummerscher Saggscheiser
(Ommersheimer Sackscheißer)

'Awwer das wille die Ummerscher nidd hääre' (aber das wollen die Ommersheimer nicht hören), meinte ein Hörer aus Ensheim. Ob sie es hören wollen oder nicht – der Karnevalsverein in Ommersheim hat sich den 'Saggscheiser' jedenfalls als Symbolfigur gewählt. Allerdings schon in etwas abgewandelter Form: das karnevalistische 'Männeken kack' ist auf einem Kartoffelsack thronend dargestellt. In gut informierten Kreisen erzählt man sich jedoch, daß in Wirklichkeit dunnemals die Jackentaschen unliebsamer Gäste als Deponie benutzt worden seien.

auch:

Ummerscher Graudscheiser (Ommersheimer Krautscheißer)

Ein Hörer aus Ensheim erzählt dazu folgende Begebenheit:

'Ei die Ummerscher hann emòòl e Paschdoor gehadd, unn mid demm waare die Leid dord nidd sefriedè. Unn dò sinn se hin unn hannem in sei Kabbeskäbb geschiss. Unn dò hadd de Paschdoor das sunndaas mòòrjens vun der Kansel brung unn hadd gesaad: „Ihr allegaar minne gudde liewe Kabbesscheiser." Unn deswää sinns die Ummerscher Graudscheiser.' (Ja, die Ommersheimer hatten einmal einen Pastor, und mit dem waren die Leute nicht zufrieden. Und da haben sie ihm kurzerhand in seine Kappesköpfe geschissen. Und da hat der Pastor dies sonntags morgens von der Kanzel herab erwähnt und gesagt: 'Ihr allesamt meine lieben guten Kappesscheißer!' Und deshalb sind es die Ommersheimer Krautscheißer.)

OPPEN – OPPEN

ORMESHEIM – ÒÒRMESEM – ÒÒRMESUMM

Òòrmesemer Broodkurwele
(Ormesheimer Brotkörbchen)
auch:
Òòrmeser Kurwele (Ormesheimer Körbchen)

Die Ormesheimer Frauen hatten strohgeflochtene
Körbe, in denen sie den Brotteig zum Bäcker trugen zum
Backen.

ORSCHOLZ – URSCHELS

Über den Ursprung des Ortsnamens gibt es eine kleine
Anekdote: Als einstens der Bischof auf seiner Reise durch
Orscholz kam, hielt er an, weil er ein menschliches Rüh-
ren verspürte. Auf seine Frage nach einem stillen Örtchen
wurde er in einen kleinen Hintergarten geführt. Am
Rand einer Grube lud eine Holzstange zum Sitzen ein –
man bat seine Eminenz, es sich bequem zu machen.
'Aha', meinte der Bischof, 'darum also heißt dieser Ort
Orsch-holz.'

In dem benachbarten Besseringen sagt man nicht 'Urschels', sondern 'Urschlach'.

Urschelser Po.utschen (Orscholzer Grobiane)
(Po.utschen = grober, ungehobelter Mensch)

Wenn sich Orscholzer begrüßen, dann tun sie das mit
den Worten:
'Wo.u kummschd dau dumm Sau donn häär?' (Wo

kommst du dumme Sau denn her?) oder 'Oh legg mich
am Oarsch, bisch dau et?' (Oh leck mich am Arsch, bist du
es?). Für die Einheimischen – so erzählt man sich – sei
dies die übliche, durchaus herzlich gemeinte Art der Be-
grüßung.

Bei Fox (S. 336) heißt es:

Durch Frädenburg ohne Streit,
Durch Weiten ohne gegeilt,
Durch U'rschelz ohne geschlo'n,
Den (der) kann vunn drei Wonnern so'n.

(Durch Freudenburg ohne Streit,
Durch Weiten ohne verspottet,
Durch Orscholz ohne geschlagen,
Der kann von drei Wundern sagen.)

Eine Hörerin kannte den Spruch in etwas abgewandelter
Form:

Durch Fräädeburch ohne Ne.id,
durch We.iten ohne Schdre.it,
durch Urschels ohne duudgeschlòòn,
dò kammer vun drei Wunner sòòn.

(Durch Freudenburg ohne Neid,
durch Weiten ohne Streit,
durch Orscholz ohne totgeschlagen,
da kann man von drei Wundern sagen.)

Scherzfrage: Wie kriegt man die Orscholzer zum Bellen? Antwort: Man sagt, es gibt Freibier. Dann tönt aus dem Mund aller Orscholzer 'Wo.u - wo.u' (wo - wo).

Böse Zungen behaupten: 'Wäär en Urschelser fier Fraa hätt, däär brauch kä Wachhund'. (Wer eine Orscholzerin zur Frau hat, der braucht keinen Wachhund.)

Ein anderer Spruch: 'Urschlach maulschd noch, machschd noch hm!' (Orscholz maulst du noch, machst du noch hm!)

Ein Oberleukener berichtet: 'In Le.ike se.it mer: mach et Luut aus; in Urschels se.it mer: mach et Litt aus' (In Oberleuken sagt man: mach das Luut aus, in Orscholz sagt man: mach das Litt aus. Luut, Litt = Licht).

OSTERBRÜCKEN – OOSCHDERBRIGGE

OTTWEILER – ODDWILLER
HÄNGGWILLER (scherzhaft)

Den Namen Hänggwiller erhielt Ottweiler vor einigen Jahrzehnten, weil damals eine Reihe von Selbstmorden durch Erhängen begangen wurden. Das Gerücht will wissen, daß es sich meist um Geschäftsleute gehandelt hat.

Oddwiller Blaschderschisser (Ottweiler Pflasterscheißer)

Ottweiler ist eine Stadt, und dort sind die Straßen gepflastert –im Gegensatz zu den Dorfstraßen. Also rächen

sich die Dorfbewohner durch einen beleidigenden Necknamen.

auch:

Daadschelscher (Küchlein)

auch:

Grumbeeredaadschelscher (Kartoffelküchlein)

So wurden nämlich in Ottweiler die Kartoffelpuffer genannt, zu denen man andernorts 'Grumbeerkieschel-
scher' sagt.

Auch für das traditionelle Fastnachtsgebäck, allgemein
als 'Faasekieschelscher' (Fastnachtsküchlein) bekannt,
haben die Ottweiler ein eigenes Wort, nämlich 'Schnei-
derläbbscher' (Schneiderläppchen).

> Dswische Oddwiller unn Wiwwelskärje
> dòò iss e Tunnell,
> wemmer ninfahrd iss dunggel,
> wemmer rauskummd, iss hell.

> (Zwischen Ottweiler und Wiebelskirchen
> ist ein Tunnel,
> wenn man reinfährt, ist's dunkel,
> wenn man rauskommt, ist's hell.)

Neckvers aus jüngster Zeit:

> Ach Godd, schidds uns vòòr Eis unn Schnee,
> Vòòr Ess Ell Ess unn Oo Tee Wee.
> (Ach Gott, schütze uns vor Eis und Schnee,
> vor SLS und OTW.)

SLS und OTW sind die Autokennzeichen von Saarlouis und Ottweiler. Wenn diese 'Provinzler' in die 'Großstadt' Saarbrücken kommen, dann wirken sie oft unsicher und sind deshalb nach Meinung der Saarbrücker Autofahrer eine Gefahr für den Straßenverkehr.

OTZENHAUSEN – OODSEHAUSE

Oodsemer Wurschdfresser (Otzenhauser Wurst-fresser)
auch:
Oodsemer Wend (Otzenhauser Wind)

Dazu der Spruch:

> Oodsemer Wend,
> Nunwellerer Grend.
> (Otzenhauser Wind,
> Nunweiler Grind.)

Weit verbreitet ist der Spruch:

> In Oddsehause
> duun die Määd die Buuwe mause.
> (In Otzenhausen
> tun die Mädchen die Buben mausen.)

P

Bebbe – kumm!
Peppenkum

PACHTEN – PAEHDEN

Paehder Diggkäbb (Pachtener Dickköpfe)
auch:
Paehder Gluddskäbb (dasselbe)

Geht man der Frage nach, wie es zu diesem Namen kam,
so stößt man –nach den Worten der Pachtener Mundart-
dichterin Gretel Fischer-Becker 'dsimmlisch degg uff
denn Linnebòòm, däär die Paehder in dreihunnerd Jòh-
ren soll geformd honn. Er hadd voor der alder Kirsch
geschdonn, soll schunn em Hoochgerischd Schääd ge-
bood honn unn iss 1891 gefälld genn, weil er innewend-
sisch gons hohl wòòr. Schdigger dsehn Kinner kunnden
beim Verschdobbschesschbillen eriggräwweln. Wenn et
nòò denn Dseidgenossen ihrem beese Maul gong iss, die
woo dòòmòòls rund erim Pahden ge-uwwerschd honn,
dann iss jeed Paehder Wiggelkind nòò der Kinddaaf geen
denn Schdamm vum Linnebòòm getubbd genn –äss das
Gliddsjen sisch dsem Gludds endwiggele kunnd. Dreihunnerd Jòhr longe vòòr e gons Bauerndorf abseschdem-
beln. Unn dat nummen, weil in demm alden Dorref als-
mòòl ääner deen Häären vum Burjemeischderamd in
Fraulaudern gesaad hadd, äss äär selwer aach dengge ge-
lehrd hadd, unn dass äär deen mòòl gesaad hadd, wivvill
Auer et iss. Unn dass mer mid de Paehder nidd eewisch
unn drei Daa Schliede fahre kann.' (...ziemlich oft auf
den Lindenbaum, der die Pachtener in 300 Jahren geformt haben soll. Er stand vor der alten Kirche, soll schon
dem Hochgericht Schatten geboten haben und wurde
1891 gefällt, weil er innen ganz hohl war. Etwa 10 Kinder
konnten beim Versteckspielen hineinklettern. Wenn man

den gehässigen Reden der Zeitgenossen glauben soll, die damals rund um Pachten ansässig waren, dann wurde jedes Pachtener Wickelkind nach der Taufe gegen den Stamm des Lindenbaums gestoßen – damit das Klötzchen sich zum Klotz entwickeln konnte. Dreihundert Jahre genügen, um ein ganzes Bauerndorf abzustempeln. Und das nur deshalb, weil in dem alten Dorf gelegentlich einer den Herren vom Bürgermeisteramt in Fraulautern gesagt hat, daß er selbst auch denken gelernt habe und daß er denen mal gesagt hat, was die Uhr geschlagen hat und daß man mit den Pachtenern nicht ewig und drei Tage Schlitten fahren kann.)

Als Oskar Lafontaine Ministerpräsident des Saarlandes wurde, sagte eine Pachtenerin: 'Na soo ebbes! Jedds hammer e Paehder Gluddskobb!' (Na so was! Jetzt haben wir einen Pachtener Dickkopf!)

Vor der Kirche soll Pontius Pilatus auf Maul und Nase begraben liegen.

In dem katholischen Ort wurde von altersher am 8. September der 'Bääddaach' (Fest des ewigen Gebets) gefeiert, 'dat hääschd, äß vun mòòjins frieh bis òòwens dsuu jeeder Schdunn e Mess, e Veschber odder e Schdunn mid Aabäädung ess. Frieher wòòr das wie e Sunndaach im Dòòref'. (... das heißt, daß von morgens früh bis abends jede Stunde eine Messe, eine Vesper oder eine Stunde mit Anbetung ist. Früher war das wie ein Sonntag im Dorf.) Und da es an diesem Tag den ersten frischen 'Gweddscheko.uchen' (Zwetschenkuchen) gab, wurde der Bettag auch 'Gweddsche-Bääddaach' (Zwetschen-Bettag) genannt.

Zwischen Dillingen und Pachten bestand von altersher eine gutnachbarliche Feindschaft. Noch nach dem 2. Weltkrieg trugen die Buben der beiden Orte in der Fastnachtszeit ihre Kämpfe aus. Kriegsschauplatz war die 'Paehder Kupp'. Die Fehden begannen mit Schimpfwörtern, gingen über zu Steinwürfen und endeten nicht selten mit Handgreiflichkeiten, bei denen die Gegner mit Knüppeln in die Flucht gejagt wurden.

PEPPENKUM – BEBBEKUMM

In Böckweiler erzählt man über die Entstehung des Namens Peppenkum folgende Geschichte: Als der Ort gebaut wurde, hatte man einen Bretterzaun um die Baustelle errichtet. Ein Junge suchte und fand ein Astloch, um hindurch zu schauen und rief seinen Vater herbei mit den Worten 'Bebbe – kumm!' (Papa – komm!).

PERL – PIERL

Pierler Mécken (Perler Mücken)
auch:
De Pierler Méckenhäären (Mückenherren)

Der Neckname soll daher kommen, daß die 'hohen Herren', also der Bürgermeister, Richter und Notar, dort Fliegen trugen statt Krawatten. Eine andere Erklärung: 'Se genn un wie en Tuut voll Micken' (Sie geben an wie eine Tüte voll Mücken).

PFLUGSCHEID – BLIGGSCHD

PICARD – PIKKERD – PIKKERDEN

Pikkerder Fräsch (Picarder Frösche)

Früher pflegten die Dienstmägde am Brunnen Wasser zu holen. Um sie zu erschrecken und zu ärgern, setzten die Burschen an der Quelle Frösche in die Leitungsrohre, die dann in dem Brunnen landeten.

PIESBACH – PÄISBACH

De Daeler Narren (Die Narren aus dem Tal)

Die Einwohner von Diefflen, Körprich, Nalbach und Piesbach werden auch 'de Daeler' (Die Talbewohner) genannt.

PINSWEILER – PINSWILLER

PRIMSTAL – BRIMSDAAL

Flaare (Fladen)

An der Primstaler Kirmes Mitte September werden dort viel Zwetschenkuchen gebacken. Der Kuchen heißt 'Flaare' und dementsprechend heißt die Kirmes die 'Flaarekirmes'.

Rothaarige waren suspekt und wurden mit dem Spruch verspottet:

Roorer Fuggs im Heenerschdall
fressd die roore Eier all,
die weise liggder leie,
am Sonndaach gehder freie.

(Roter Fuchs im Hühnerstall
frißt die roten Eier alle,
die weißen läßt er liegen,
am Sonntag geht er auf Freiersfüßen.)

PRIMSWEILER – PRINSWELLER

PÜTTLINGEN – PIDDLINGE

Piddlinger Geisereider (Püttlinger Geißenreiter)

Wie in vielen Bergmannsdörfern hatten auch die Püttlinger ihre 'Bergmannskuh' (Ziege) im Stall stehen. Wenn die Buben die Geißen hüteten, dann pflegten sie wohl auch auf ihnen zu reiten. Bei R. Müller (S. 39) wird geschildert, wie einst Fürst Ludwig und seine Gemahlin nach Püttlingen zu einer Feierlichkeit kamen. Da soll ihm zu Ehren eine ganze Schwadron weißer Geißen aufmarschiert sein, die von Mädchen und Buben in bunten Trachten geritten wurden.
auch:
Piddlinger Lähmschesser (Püttlinger Lehmscheißer)

In Püttlingen gab es viele Lehmgruben; böse Zungen behaupteten, daß diese Gruben von den Anwohnern häufig als stilles Örtchen zweckentfremdet worden seien.
Piddlinger Lääbschisser (Püttlinger Laubscheißer)

174

In Püttlingen – wie auch anderswo üblich – holten die Einwohner, die Vieh im Stall stehen hatten, das Laub aus dem Wald als Streu.

Bei Fox (S.335) findet sich folgender Neckvers:

> Pettlinger Zickzack
> Met'm krommen A'schback,
> Met de schiefen Schouen,
> Die soll der Deiwel louen.
> (Püttlinger Zickzack
> mit dem krummen Arschbacken,
> mit den schiefen Schuhen,
> die soll der Teufel anschauen.)

Spottvers s. HOLZ

Eine Hörerin erinnert sich: 'Unn die Piddlinger, dò hannse frieher immer gesaad: die Gurre, die Schleschde unn die Piddlinger. Weil midde Piddlinger, dò iss nidd gudd Kirsche esse.' (Und von den Püttlingern hat man früher immer gesagt: die Guten, die Schlechten und die Püttlinger. Denn mit den Püttlingern ist nicht gut Kirschen essen.)

Q

Gwierschder Wambe
Quierschied

QUIERSCHIED – GWIERSCHD

Gwierschder Wambe (Quierschieder Wampen)

In früheren Zeiten sollen die Wirte im Ort an der Kirmes kostenlos so viel Zwetschenkuchen serviert haben, wie die Gäste essen konnten. Diese konnten sich also die Wampen damit füllen. Bis heute wird in Quierschied das 'Wambefeschd' (Wampenfest) gefeiert.

auch:

Gwierschder Blaschderschisser (Quierscheider Pflasterscheißer)

In Quierschied gibt es das Denkmal eines Glasbläsers, der in einem Brunnen steht. Daher der Vers:

In des Dorfes Midde,
im Ordsparredies,
schdehd däär Blòòspidd im Wasser
unn hadd kalde Fies.

(In des Dorfes Mitte,
im Ortsparadies,
steht der Blaspeter im Wasser
und hat kalte Füße.)

R

In Rooden
dò iss alles Mooden –
dò dansen de Dooden
uff de Kommooden.
Roden

RAMMELFANGEN – RAAMELFANGEN

RAPPWEILER – RÒÒBWILLER

**Ròòbwiller Kabbesbauern
(Rappweiler Kappesbauern)**

Spruch siehe KONFELD.

RATHEN – RAATEN

REDEN – REEDE
(Landsweiler-R.)

REHLINGEN – REHLINGEN

Rehlinger Wasserhinggel (Wasserhühner)

Der Ort liegt an der Saar und war bei Hochwasser oft
überschwemmt, so daß die Bewohner 'im Wasser' leben
mußten wie die 'Wasserhinggele'.
auch:
Rehlinger Messerschdescher (Messerstecher)

REICHENBRUNN – REISCHEBRUNNE

Wird auch Groß-Berlin genannt, weil sich dort viele Zu-
gezogene, vorwiegend 'Breise' (Preußen) angesiedelt haben und gar zu großmäulig taten.

Hegge-Eesele (Heckenesel)

REIDELBACH – REIDELBACH

'De Huewer' (Die Hofer) – so nennt man die Bewohner vom Reidelbacher Hof.

Redensart: Huewer Bladdfies unn Saarbrigger Schuh. (Hofer Plattfüße und Saarbrücker Schuhe.)
Die dort ansässigen Bauern waren wohl von besonders kräftiger Statur.

REIMSBACH – REIMSCHBACH

REINHEIM – REINEM – RINNEM

Reinemer Oggse (Reinheimer Ochsen)

In Reinheim wird – besonders von der älteren Bevölkerung – noch mit alemannischer Lautung gesprochen. 'Kummschde russ ussem Huss'. (Kommst du raus aus dem Haus.)

REISKIRCHEN – REISKÄRJE

REITSCHEID – RAEDSCHED

Raedschemer Schdambese (Reitscheider Kartoffelpüree)
auch:
Raedschemer Schdambesschdeeser (Reitscheider Kartoffelstößer)

Man sagt, die Reitscheider Hausfrauen hätten wenig Zeit

zum Kochen gehabt, wenn sie sonntags aus dem Gottesdienst nach Hause kamen und deswegen rasch 'Schdambes' gemacht.

REMMESWEILER – REMMESWELLER

Remmesweller Kabbeskäbb (Remmesweiler Kappesköpfe)

RENTRISCH – RENDRISCH
Uff de Rendrisch gehn (Nach Rentrisch gehen)

Rendrischer Holshauer (Rentrischer Holzhauer)

Viele Rentrischer Männer arbeiteten früher als Holzhauer in den umliegenden Wäldern.
auch:
Rendrischer Margreedscher (Rentrischer Margeritchen)
auch:
Rendrischer Rehbägg (Rentrischer Rehböcke)

Ein Rentrischer Hörer berichtet:
'Frieher dò sinn doch die Berschleid ins Schlòòfhaus geloff, nidd? Und die sinn jò nuur alle achd Daa hemmkumm, ne? Unn wie die sò dursch de Wald geloff sinn,... und dò hadd ääner verdsehld, wie er hemmkumm iss... debei hadder de ganse Dsahldaa versoff gehadd, derr Ald,... dò hadder gesaad, ei e Rehbogg däär häddem im Wald de Dsahldaa geglaud. Soo waar das.' (Früher sind die Bergleute doch zu Fuß zum Schlafhaus gegangen, nicht wahr? Und sie sind ja nur alle acht Tage nach Hause

gekommen, nicht? Und als sie so durch den Wald gingen,
... und da hat einer erzählt, als er heimkam ... dabei hatte
er den ganzen Lohn versoffen, der Alte, ... da sagte er, also
ein Rehbock habe ihm im Wald seinen Lohn gestohlen.
So war das.)

Rendrischer Higgehagge
midde digge Aarschbagge!
(Rentrischer Hickehacken
mit den dicken Arschbacken!)

RESCH – REESCH

RICHWEILER – RISCHWELLER

RIEGELSBERG – RISCHELSBERSCH – RÄÄELSBERSCH
Uff de Rischelsbersch gehn (Nach Riegelsberg gehen)

Hier sagt man 'däär Bier' (der Bier). Dazu die Redensart:
Alles was gudd iss, iss männlisch: däär Budder, däär
Wurschd, däär Bier. Mid ääner Ausnahm – die Weibsleid.
(Alles, was gut ist, ist männlich: der Butter, der Wurst, der
Bier. Mit einer Ausnahme – die Weibsleute.)

RILCHINGEN, BAD – BAAD RILSCHINGE

Man sagt den Bewohnern nach, daß sie die Nase besonders hoch tragen, weil sie sich viel auf ihren Status als
Badeort einbilden. Die Rilchinger Sprudelfabrik war von
1917 bis 1935 im Besitz der Trierer Barmherzigen Brüder.
Die Kinder der umliegenden Orte verspotteten die

Rilchinger Kinder als 'Paader Piss Siffer' (Pater Pisse Säufer).

RIMLINGEN – R**I**MMLINGEN

RIPLINGEN – R**Ë**PPLINGEN

RISSENTHAL – R**A**SSENDAAL

**Rassendaaler Bo.uhnenpicks
(Rissenthaler Bohnenpicks?)**

> Rassentaaler Bo.uhnenpicks,
> scheißen in die Krimmelbicks
> maacht nit so.u voll,
> sonst gritter en Prottekoll.
> (Rissenthaler Bohnenpicks
> scheißen in die Krümelbüchse,
> macht sie nicht so voll,
> sonst kriegt ihr ein Protokoll.)

RITTERSMÜHLE – RIDDERSCHM**IE**HL
Uff die Ridderschmiehl gehn (Nach Rittersmühle gehen)

RITTERSTRAßE – R**I**DDERSCHDRÒÒS
Uff die Ridderschdròòs gehn (Nach Ritterstraße gehen)

ROCKERSHAUSEN – ROGGERSCHH**AU**SE

Der Ort gehört heute zu Altenkessel. Im Bewußtsein der Bewohner wird aber noch immer zwischen den beiden Ortsteilen unterschieden. Früher – so erzählt uns eine

Rockershausenerin – pflegte ihre Mutter zu sagen: 'Mer gehn uff die schääl Seid' (Wir gehen auf die scheele Seite), und sie meinte damit die andere Saarseite.

In Rockershausen gab es auch eine 'Siesschmierschdròòs' (Marmeladenstraße), wo die Leute wohnten, die so arm waren, daß sie nur Marmelade als Brotaufstrich hatten.

RODEN – ROODEN

Roodener Hondsfänger (Rodener Hundefänger)

Die Rodener sollen früher immer die Hunde gefangen und geschlachtet haben.
auch:
Päärdsflääschfresser (Pferdefleischfresser)

Eine Hörerin erinnert sich, daß es in Roden früher eine Pferdemetzgerei gegeben hat.
auch:
Messerschdescher (Messerstecher)

Neckvers: In Rooden dò iss alles Mooden –
dò dansen de Dooden
uff de Kommooden.
(In Roden ist alles Mode,
da tanzen die Toten
auf den Kommoden.)

Dieser Spruch soll nicht nur des Reimes wegen entstanden sein, sondern sei geprägt worden, als die Eisenbahn durch Roden geführt wurde und die Bilder (vorwiegend die der Verstorbenen), die der Sitte gemäß auf der Kommode standen, zu vibrieren begannen.

ROHRBACH – RÒHRBACH

Ròhrbacher Schdambes (Rohrbacher Kartoffelbrei)
auch:
Ròhrbacher Schdambesesser (Kartoffelbrei-Esser)

Dort wurde und wird angeblich mit Vorliebe Grumbeereschdambes (Kartoffelbrei) gegessen.

Eine Hörerin erzählt: Zur Zeit Kaiser Napoleons wurde auch durch Rohrbach die Straße nach Paris (Kaiserstraße) gebaut, und eines Tages kam ein Hofrat zur Inspektion. Er beobachtete mit Verwunderung, daß zwei Rohrbacher Buben fingerdick bestrichene Butterbrote aßen. Wie war das möglich in diesem armen Dorf? Er fragte die Buben, und sie gaben lachend zur Antwort: 'Awwer hoher Herr, das esch doch kä Bodder, das esch doch Schdambes!' (Aber hoher Herr, das ist doch keine Butter, das ist doch Kartoffelbrei!)

Bei R. Müller (S. 49) finden sich genauere Angaben. Demzufolge hatte der Kaiserliche Postmeister und spätere Hofrat Bettinger aus Zweibrücken einen gewissen Nickel Jacob als Posthalter in Rohrbach eingesetzt. Das war im Jahr 1762. Eines Tages kam der Landkommissar des Hofrats – er hieß Schlaginweit – auf einer Inspektionsreise nach Rohrbach. Am Straßenrand erblickte er zwei Buben, die eine dickbestrichene Stulle aßen. Es sah aus wie Butter. Der Herr Kommissar wunderte sich, denn die

Rohrbacher galten als arme Dörfler. Er rief die Buben zu sich heran und erfuhr das Geheimnis des 'Butterbrotes': 'Das esch Schdambes' (Das ist Kartoffelbrei) belehrten ihn die Buben.

Es gibt aber auch noch eine andere Version, die neueren Datums sein dürfte: Eine Rohrbacher Mutter wollte nicht, daß ihr Kind von den andern wegen seiner dünnbestrichenen Butterbrote bemitleidet werden sollte. Darum strich sie ihm fingerdick Kartoffelbrei aufs Schulbrot. Natürlich fiel der Schwindel eines Tages dann doch auf.

Die große Beliebtheit des 'Schdambes' wird ersichtlich in den folgenden Strophen des Gedichtes 'Die Rohrbacher Kisch' von Eugen Motsch (aus: Dehämm im Oord, S.40):

On dann noch de Schdambes. Wär machd ne bässer?
Schdambes en hunnerd Varriazjone.
Schdambes med Sauergraud, Schenke on Eisbään.
Schambes med Wällflääsch on sauere Bohne.

Schdambes med Eier on Schbinaad.
Schdambes med Roodgraud on Rollaade,
Schdambes med Blummekohl, scheen zard,
On Schdambes med Grienzeisch, queer dorsch de Gaarde.

(Und dann noch der Kartoffelbrei. Wer macht ihn besser?
Kartoffelbrei in hundert Variationen.
Kartoffelbrei mit Sauerkraut, Schinken und Eisbein.
Kartoffelbrei mit Wellfleisch und sauren Bohnen.

Kartoffelbrei mit Eiern und Spinat.
Kartoffelbrei mit Rotkraut und Rouladen
Kartoffelbrei mit Blumenkohl, schön zart,
Und Kartoffelbrei mit Grünzeug, quer durch den
Garten.)

Auf die Eingemeindung Rohrbachs, das jetzt zur Mittelstadt St. Ingbert gehört, bezieht sich der folgende Vers
von Heinrich Kraus:

Die Rev'lution hat nit geklappt.
Die Stinkberter han uns geschnappt!
Doch schweere mir, ob Stenz, ob Schambes:
In Rohrbach wamscht ma ewisch Stambes!

(Die Revolution hat nicht geklappt.
Die St. Ingberter haben uns geschnappt!
Doch schwören wir, ob Prahlhans, ob Hanswurst,
In Rohrbach ißt man ewig Kartoffelbrei.)

Die Rohrbacher Mundart hat ihre besonderen lautlichen
Merkmale. Daher die Redensart:

Bei Wend unn Wärrer fahre die Ròhrbacher medde
Rärrer. Es Wärrer iss heid awwer werrer scheen.

(Bei Wind und Wetter fahren die Rohrbacher mit den
Rädern. Das Wetter ist heute aber wieder schön.)

ROSCHBERG – ROSCHBERSCH

Roschberjer Raawe (Roschberger Raben) *auch:*

Roschberjer Reerelgräämer (Roschberger Rötelkrämer)

Die Roschberger haben früher – ebenso wie die Dörfler aus der Umgegend – als Rötelhändler ihren Unterhalt verdient.

RUBENHEIM – RUWWENEM

Ruwwenemer Päär (Rubenheimer Pferde)
auch:
Glääntirrooler (Kleintiroler)

Bei dem Ort gibt es einen hübschen Weiher auf dem Gebiet, das 'Glään Tirrool' genannt wird, und alljährlich wird dort das 'Glääntirrooler-Weiherfeschd' (Kleintiroler-Weiherfest) gefeiert.

RÜMMELBACH – RËMMELBACH

Eine Lebacher Hörerin erinnert sich eines Spottverses ihrer Jugend, mit dem sie die Rümmelbacher zu ärgern pflegten:

Rëmmelbach, duu Gnoddeleschdadd,
die nuur virdsehn Heiser hadd,
groose Schissele, weenisch drin,
Herr, wäär meent in Rëmmelbach sinn!
(Rümmelbach, du kotige Stadt,
die nur vierzehn Häuser hat,
große Schüsseln, wenig drin,
Herr, wer möchte in Rümmelbach sein!)

S

'... dò haschde beschdimmt
meh Sei wie eisch', saat dò
der Sietserder Sauhirt.
Sitzerath

SAAL – SAAL

SAARBRÜCKEN – SAARBRIGGE

Saarbrücken entstand erst 1909 aus den fünf Gemeinden: Alt-Saarbrücken, St. Johann, St. Arnual, Malstatt und Burbach. Diese Ortsteile sind gesondert aufgeführt.

Saabrigger Leercher (Saarbrücker Lerchen)
(Fox, S. 334)

Vielleicht hat dieser Neckname einen Bezug zur 'Lerches-flur'; das ist eine Anhöhe in Saarbrücken, auf der sich auch das Gefängnis befindet.
auch:
de Saabrecker Frippje (Flittchen; Luftikus - frz. fripon)
(Fox, S. 335)
auch:
Schdädder Wibbscher (Städter Weibchen?)

So sagten die Brebacher zu den Saarbrückerinnen.
auch:
Die Luischer (Die Herumtreiber; Zuhälter)

So wurden die jungen Saarbrücker von den Ensheimern genannt. 'Die sinn dòò ruff kumm, unn die hann soo koomische Schnäbbekabbe òòngehadd, unn dòòhäär honn die däär Nòòme Lui gridd – das sinn jò schunn uur-alde Nòòme, ne?' (Die sind hier herauf gekommen, und sie hatten so komische Schirmmützen auf, und deswegen haben sie den Namen Louis bekommen – das sind doch schon uralte Namen, nicht wahr?)

SAARFELS – SAARFELS – FICKINGEN

Der Ort hieß früher 'Fickingen' und wird von der älteren Bevölkerung auch noch so genannt.

SAARGAU – GAAF (GAU)

SAARHÖLZBACH – SAARHELSBICH – HELSBICH

Binnesen (junger Stier = Dickkopf = Eingebildeter)

Auf dem alljährlichen 'Binnesefeschd' werden Wetten auf das Gewicht eines lebenden 'Binnes' abgeschlossen. Der Gewinner erhält das Tier.
auch:
Helsbijer Mutten *oder* **Mueten (= Hölzbacher Möhren)**

1990 wurde erstmals eine 'Miss Mutt' gewählt.

SAARLAND – SAARLAND – SAARGEBIED

Saarländer Dambdääler (Saarländer aus den rauchigen Tälern)

Dieser Ausdruck wurde uns von Hörern aus der Trierer Gegend berichtet. Er bezieht sich auf das industrialisierte Saartal mit seinen Hüttenwerken und rauchenden Schornsteinen. Das Wort 'Damb' wird im nördlichen Saarland verwendet für 'Rauch' allgemein.
auch:
Die Mufflänner (Die Mufflländer?)

Es gibt viele Deutungen für dieses Wort – manche davon sind geradezu abenteuerlich. Am wahrscheinlichsten klingt der Bericht einer Hörerin, die sich daran erinnert, daß ihr Schwiegervater zu Saargebietszeiten einen Bus der Régie des Mines de la Sarre fuhr, in dem die Bergleute aus den Pfälzer Gebieten kostenlos zu ihren Arbeitsplätzen transportiert wurden. Auf diesem Bus habe gestanden 'M. u. F.' (Mitfahrer und Fahrgäste). Die Mitfahrer seien die schon erwähnten Bergleute gewesen, die Fahrgäste hingegen andere Personen, die für die Fahrt bezahlen mußten.

Hier einige Kostproben anderer Deutungen:

MUF = Militär-Urlaubs-Schein. Dieser sei nur für Saarländer ausgestellt worden nach ihrer Rückkehr ins 'Reich'.

MUFFLÄNDER: Bezeichnung für die Saarländer, weil sie so muffig seien.

MUFFLÄNDER: Das Wort käme von Muff. So wie ein Muff zwei Hände verbindet, so verbinde die gemeinsame Grenze die Saarländer und die Franzosen.

MUFFLÄNDER: Weil in den Arbeiterzügen, mit denen die Saarländer gefahren seien, immer so ein Mief gewesen sei.

SAARLOUIS – SAARLUI

Saarluier Buulee, *Mz.:* **Buuleen (Saarlouiser Boule-Spieler?)**

Die Herkunft des Namens ist nicht klar. Die Saarlouiser selbst wollen ihren Necknamen zurückgeführt wissen auf das Boule-Spiel, die Buuleen wären demnach die 'Boule-Spieler'. Die Verfechter dieser Theorie weisen darauf hin, daß Saarlouis lange Zeit französisch war und daß der französische Einfluß sich auch in den Gewohnheiten bemerkbar gemacht habe. Die Einwohner – so sagen sie – hätten das bei den Franzosen so beliebte Boule-Spiel übernommen.

auch:
Saaluier Hierle (Saarlouiser Maikäfer) (Fox, S. 334)
auch:
Saaluier Frippje (Flittchen; Luftikus, *frz.* **fripon)**
(Fox, S. 335.)

Um das krächzende Gaumen-r in der Sprache der Saarlouiser zu charakterisieren, sagt man in den Nachbarorten, 'se schlärren' (Fox, S. 336)

Neckvers aus jüngster Zeit:

>   Ach Godd, schidds uns vòòr Eis unn Schnee,
>   vòòr Ess Ell Ess unn Oo Tee Wee.

>   (Ach Gott, schütze uns vor Eis und Schnee,
>   vor SLS und OTW.)

SLS und OTW sind die Autokennzeichen von Saarlouis und Ottweiler. Wenn diese 'Kleinstädter' in die 'Großstadt' Saarbrücken kommen, dann wirken sie oft unsicher und sind deshalb nach Meinung der Saarbrücker Autofahrer eine Gefahr für den Straßenverkehr.

SAARWELLINGEN – WELLINGEN

Wellinger Grumberpäns (Saarwellinger Kartoffel-wänste)

Von den Wellingern sagt man: Es gibt Gute, Schlechte und Wellinger.
Die häufig gehörte Wendung 'Wie en Haus in Wellingen' (Wie ein Haus in Wellingen) bedeutet 'sehr'. Beispiel: 'Mer sinn gerischd wie en Haus in Wellingen' (Wir sind aufs Beste vorbereitet, Gäste zu bewirten). *Oder:* 'Däär hadd äänen hucken wie en Haus in Wellingen' (Der ist völlig betrunken).

Ein Spottvers aus Saarlouis äfft die Mundart von Saar-wellingen nach:

> Wellinge, woo maendaas mòòrjens de Mann uff de Maergd gehd unn Flaesch kaefd.
> (Wellingen, wo montags morgens der Mann auf den Markt geht und Fleisch kauft.)

ST. ARNUAL – DAARLE

De Daarler Salspäns (Die St. Arnualer Salzwänste)
(Fox, S. 335)
auch:
Daarler Gniesjer (St. Arnualer Kürstchen)

'Gniesje' ist ein Schimpfwort für schmuddelige Personen
auch:
Daarler Dabbese (St. Arnualer Tolpatsche) *auch:*

194

Daarler Buubeller (St. Arnualer Schmetterlinge)

Ein Daarler Junge soll einst gerufen haben: 'Mamme, Mamme, holl die Aggs, im Gaarde siddsd e Buubeller, däär fressd es ganse Gemies.' (Mutter, Mutter, bring die Axt, im Garten sitzt ein Schmetterling, der frißt das ganze Gemüse.)
oder:
'Greed, holl die Aggsd, im Gaarde flied e Buubeller, däär hadd Holsglumbe aan, däär verdrääd mers gans Gesääde!' (Grete, hol die Axt, im Garten fliegt ein Schmetterling, der hat Holzschuhe an, der zertritt mir das ganze Eingesäte!)

Eine andere Erklärung – die wohl nicht stimmt – will wissen, daß 'Buubeller' von Propeller kommt. In den St. Arnualer Wiesen war der erste Flugplatz von Saarbrücken.

Bei Fox (S. 335) findet sich folgender Neckvers:
Daarler Wickewacke
Mit de bräde Hinnerbacke.
(St. Arnualer Wickewacken
mit den breiten Hinterbacken.)

In St. Arnual wird häufig der Spruch zitiert:
Gans Daarle iss baff
iwwerm Bäbbsche sei Aff.
(Ganz St. Arnual ist baff
über Bärbelchens Affe.)

Was es mit dem 'Bäbbsche sei Aff' auf sich hat, weiß jedoch niemand zu sagen.

ST. BARBARA – HANSEBERSCH – HÒNSEBERSCH

Hanseberjer Eesel (Hansenberger Esel)

Ein Hörer aus Wallerfangen berichtet, daß dort einst ein Mann wohnte, der mit seinem Esel den Schutt abtransportierte. Als es den abschüssigen Berg hinunterging, war das Fuhrwerk nicht mehr zu bremsen, der Karren kippte um und begrub den Esel unter sich – er war tot. Der Mann aber stand oben am Berg, schüttelte den Kopf und sagte: 'Gugg emò der Verschigger – wie er dòò leid!' (Sieh nur, wie er sich verstellt und sich einfach hinlegt!)

In aller Munde ist auch die Geschichte von jenem Hansenberger, der für sein Leben gern Kartoffeln aß. Also machte er sich dazu auch sein eigenes Gebet. Das geht so:

Grumbern mòòrjens in der Frieh,
Grumbern middaas bei der Brieh,
Grumbern am Oòwend, Grumbern zu jeder Zeit,
Grumbern in all Eewischkeit – Aamen.
(Kartoffeln morgens in der Früh,
Kartoffeln mittags bei der Brühe,
Kartoffeln am Abend, Kartoffeln zu jeder Zeit,
Kartoffeln in alle Ewigkeit – Amen.)

ST. INGBERT – DENGMERD

Die Bewohner anderer Orte sprechen von 'Schdingberd' und nennen die Einwohner 'die Schdingberder'.

Dengmerder Grumbeere (St. Ingberter Kartoffeln)
auch:
Dengmerder Grumbeersägg (St. Ingberter Kartoffel-säcke)
auch:
Die Beiregneedele (Die Bayernknödel)

So sagte man früher in dem preußischen Nachbarort Rentrisch zu den bayrischen St. Ingbertern.
auch:
Dengmerder Ruusläscher (St. Ingberter Rußlöcher)

In St. Ingbert gab es eine Grube und ein Eisenwerk, so daß die Luft nicht mehr so sauber war wie in den umliegenden dörflichen Gemeinden.
auch:
Abdriddslegger (Abtrittslecker)
auch:
Dengmerder Schärmscher (St. Ingberter Schirmchen)

Diesen Namen gaben die Jägersfreuder den Bergleuten aus St. Ingbert, die nach der Stillegung ihrer Gruben auf der Grube Jägersfreude Arbeit fanden. Wahrscheinlich trugen die St. Ingberter stets einen Schirm gegen möglichen Regen bei sich; sie kamen meist zu Fuß. Möglicherweise geht der Neckname aber auch auf eine Familie zurück, die in St. Ingbert wohnte und als Schirmflicker über Land zog.
auch:
Dengmerder Glaasschbaddse (St. Ingberter Glasspatzen)

So wurden sie von den Ensheimern genannt; in St. Ingbert gab es eine Glashütte.

Als 'Laddebiebscher' (Lattenbübchen) wurden in Oberwürzbach die Freier aus St. Ingbert bezeichnet, weil sie sich gegen die einheimischen Nebenbuhler mit Zaunlatten durchgesetzt haben sollen.

Das 'Wahrzeichen' von St. Ingbert ist der 'Becker-Turm'; das ist der weithin sichtbare Turm der Brauerei Becker, deren Bier sich großer Beliebtheit erfreute.

Auf Glashütte und Brauerei bezieht sich der folgende Limerick (aus 'Niggs, niggs, niggs wie Limmeriggs' von Edith Braun):

> E Dingmerder Buub vun der Glaashidd
> Holld im Uurlaub nöö Schbaanje e Glaas mid
> Unn drei Fässjer Bier,
> Uff kääne Fall vier,
> Weil vun vier hädder vill se vill Gaas gridd.
> (Ein St. Ingberter Bursche von der Glashütte
> Nimmt im Urlaub nach Spanien ein Glas mit
> Und drei Fäßchen Bier,
> Auf keinen Fall vier,
> Denn von vier hätte er viel zu viel Gas bekommen.)

ST. JOHANN – SANGGEHANN
(Stadtteil von Saarbrücken)

Sanggehanner Schbrääwe (St. Johanner Stare)

Friedrich Schön erklärt in seinem Gedicht 'Die Sang Gehanner „Schbrääwe"', wie es zu dem Necknamen kam:

Die Sang Gehanner, wo e Schdigg
Gehadd hann uff Saarbrigger Bann,
Die sinn zesamme gugge gang
Nô ihrem Feld als dann unn wann.

Unn wie's so gehd, se sinn dann als
So Sunndags morjens niwwer kumm
Unn sinn in ihre schwarze Regg
So uff em Feld schbadsierd erumm.

Wann das Saarbrigger hang gesiehn,
Dô hadd mr kenne heere saan:
„Schorsch gugg emôl, dord kumme se
Graad wie die Schbräwe widder aan!"

(Die St. Johanner, die ein Stück Land
gehabt haben auf Saarbrücker Bann,
die sind zusammen gucken gegangen
nach ihrem Feld so dann und wann.

Und wie's so geht, sie sind dann manchmal
so sonntags morgens hinüber gekommen
und sind in ihren schwarzen Röcken
so auf dem Feld herumspaziert.

Wenn das Saarbrücker gesehen haben,
da hat man können sagen hören:
'Georg, guck mal, dort kommen sie
grad wie die Stare wieder an.')

ST. NIKOLAUS – NIGGLÒÒS

**Nigglòòser Wasserhinggle
(St. Nikolauser Wasserhühner)**

'Weil die Nigglòòser Kinner samschdaas immer im Weiher gebaad wòòr sinn – dòò iss de groose Miehleweiher'.
(Weil die Kinder aus St. Nikolaus samstags immer im
Weiher gebadet wurden – dort ist der große Mühlen-
weiher.)

ST. WENDEL – SANGD WENNEL
SANGD EELEND (Schülersprache)
Uff Sangd Wennel gehn (Nach St. Wendel gehen)

Die Kooburjer (Die Coburger)
auch:
**Kooburjer Blaschderschisser (Coburger Pflaster-
scheißer)**

St. Wendel gehörte zu Coburg. Die Stadt hatte gepflasterte Straßen im Gegensatz zu den ungepflasterten Straßen
in den umliegenden Ortschaften. Deren Bewohner
brachten ihren Neid durch den Spottnamen 'Blaschderschisser' zum Ausdruck.

SCHAFBRÜCKE – SCHÒÒFBRIGG
Uff die Schòòfbrigg gehn (Nach Schafbrücke gehen)

**Schòòfbrigger Schòòfskäbb (Schafbrücker Schafs-
köpfe)**

SCHAFFHAUSEN – SCHÒÒFHAUSEN

In Schaffhausen kannte man früher auch die 'Griebangg'; das ist ein hölzernes Bord, auf dem die Krüge stehen. 'De Vadder hadd die Griebangg geschiddeld' (der Vater hat das Krügebord geschüttelt) pflegte man zu sagen, wenn der Vater den Hausbewohnern zeigte, wer der Herr im Hause war.

SCHEIDEN – SCHÄÄDEN

Spruch siehe KONFELD.

SCHEIDT – SCHÄÄD

Schääder Broodkuuche (Scheidter Brotkuchen)

Vom Rest des Brotteiges backten früher die Frauen in Scheidt eine Art Kuchen: Auf dem dicken Teig war ein dünner Belag von Zwiebeln und Dürrfleisch. Die Kinder, die in den Pfarrunterricht nach Dudweiler gehen mußten, hatten als Proviant solchen Brotkuchen dabei. In Scheidt wird alljährlich die Brotkuchen-Kirmes gefeiert.

SCHEIDTERBERG – SCHÄÄDERBERSCH

Der Ort war früher nur Bauerngemeinde. Dort gab es erst spät elektrisches Licht. Sparsame Leute sagten: 'Machs Lischd aus, mach die Oowedier uff, s iss noch nidd dunggel draus.' (Mach das Licht aus, mach die Ofentür auf, es ist noch nicht dunkel draußen.)

SCHEUERN – SCHĒERN

Ein Scheurer erzählt, daß die Feindschaften zwischen den Ortschaften früher von klein auf gepflegt worden seien. Schon die Hütejungen bewarfen sich mit Steinen; wenn sie zu jungen Männern herangewachsen waren, ging man zu Raufereien über. Fremde Freier mußten mit Prügel rechnen. Oft wurde ihnen auch eine Schnur mit Blechbüchsen am Rücken befestigt, ehe man sie davonjagte. Hartnäckige Freier aber, die ihre Liebe dadurch unter Beweis stellten, daß sie trotz Prügel und Blechbüchsen immer wieder kamen, wurden schließlich in die Dorfgemeinschaft aufgenommen.

Auch in Scheuern kennt man noch einige Worte Jenisch, z.B. 'Kniffi, schock schiewes, de Schbechd!' (Mann, hau ab, der Förster kommt).

In dieser streng katholischen Gemeinde mit ihrer schmucken Neo-Barockkirche heißt der Fronleichnamsaltar 'Helli'.

Zu Scheuern gehört auch der Bann, auf dem die Hölzersch Kapelle gestanden haben soll. Dazu gibt es das Gedicht in: Toni Schäfer: Überroth-Niederhofen, 1989.)

Auf der Hölzersch-Kapell
da danze die Buwe mit leerer Budel.
Da komme die Weiwer
mit ihre Backscheider
und wolle de Buwe
das Danze vertreiwe.

202

(Bei der Hölzersch Kapelle
da tanzen die Burschen mit leerer Flasche.
Da kommen die Weiber
mit ihren Backscheiten
und wollen den Burschen
das Tanzen austreiben.)

(Backscheit = Holzscheit zum Heizen des Backofens.)

SCHIFFWEILER – SCHIFFWILLER
SANGGD URRIEN (scherzhaft)
PINGGELTAUN (scherzhaft)

Schiffwiller Wind (Schiffweiler Wind)

SCHMELZ – SCHMELTS

In Schmelz – wie auch in einigen umliegenden Orten –
spricht man ein velares 'l' (wie in Englisch 'well'). Diese
Aussprache wird gern von Anderssprechenden nach-
geahmt.

SCHNAPPACH – SCHNABBACH

Hier verlief früher die preußisch-bayrische Grenze. Da
das Bier im Bayrischen billiger war, ging man in das
nächstgelegene Wirtshaus über der Grenze.

SCHÜREN – SCHIERE

Heinrich Kraus hat über Schüren folgenden Limerick gedichtet:

E flejßischer Trommler aus Scheere,
der mahn nit es Droffschlahn verlehre.
Die erscht Fraa geht stifte,
die zwät dut vergifte ...
So wejt kann die Kunscht e Mensch fehre!

(Ein fleißiger Trommler aus Schüren,
der mag nicht das Draufschlagen verlernen.
Die erste Frau geht stiften,
die zweite vergiftet ...
So weit kann die Kunst einen Menschen führen!)

SCHWALBACH – SCHWALBACH

Schwalbacher Husaren
(Fox, S. 334)

SCHWARZENACKER –
SCHWAARDSENAGGER –
SCHWOARDSENAGGER

SCHWARZENBACH – SCHWAARDSEBACH
b. Homburg

Blòòkäbb (Blauköpfe)

'Blòòkäbb' war der Name für Protestanten, die Katholiken wurden als 'Greidskäbb' (Kreuzköpfe) verspottet.

Zwischen den Nachbardörfern Schwarzenacker und
Schwarzenbach herrschte früher die damals übliche
'Feindschaft'. Ein Hörer aus Schwarzenacker erinnert

sich, daß er als Kind nach Schwarzenbach zum Einkaufen geschickt wurde. Das ging oft nicht ohne Prügeleien ab. Er zitierte den Spottvers:

Die Schwaardsebacher Raddse
Reide uff de Kaddse,
Reide uff de Dohle,
De Deiwel soll se hoole.
(Die Schwarzenbacher Ratzen
reiten auf den Katzen,
reiten auf den Dohlen,
der Teufel soll sie holen.)

SCHWARZENBACH – SCHWAARDSEBACH

Wie Fox (S. 335) schreibt, beschimpften die Otzenhausener die Schwarzenbacher mit dem folgenden Neckvers:

Schwarzenbächer Kouze
Met de lange Schnouze,
Met de kromme Kniee,
Der Deiwel soll se kriee.
(Schwarzenbacher Kaulquappen,
Mit den langen Schnauzen,
Mit den krummen Knien,
Der Teufel soll sie kriegen.)

SCHWARZENHOLZ – SCHWAARDSENHOLS

Bääsembinner (Besenbinder)
auch:
Hundsfresser (Hundefresser)

Als solche waren früher die Schwarzenholzer in den Nachbargemeinden verschrieen. Ein Heusweiler Hörer berichtet: 'Die Alde die hann immer gesaad, wammer e Hund in Schwaardsenhols laafe geloss hadd, dann waarer verschwunn.' (Die Alten haben immer gesagt, wenn man einen Hund in Schwarzenholz frei herumlaufen ließ, dann sei er verschwunden.) Dagegen verwahrt sich ein Schwarzenholzer Hörer. In Schwarzenholz, sagt er, spreche man nur von den 'Hollgässer Hundsfresser'. Er meint: 'Also dò muss irjendwann mò was draangewän sinn, dass bei denne Hollgässer – also in ääner Schdròòs bei uns – dass dord die Hunn niddergemach genn sinn.' (Also da muß irgendwann mal etwas Wahres drangewesen sein, daß bei den Hohlgässern – also in einer unserer Straßen – die Hunde umgebracht worden sind.)

auch:

Schwaardsenholser Messerschdescher (Schwarzenholzer Messerstecher)

Auch heute noch ist in den umliegenden Dörfern der Spruch bekannt: 'Ihr Kinner, bääden! Eier Babbe gehd iwwer Schwaardsenhols.' (Ihr Kinder, betet, euer Vater geht durch Schwarzenholz.) Auch dagegen verwahrt sich der obenerwähnte Hörer. Die Bezeichnung 'Messerstecher', so sagt er, hätten die Schwarzenholzer vollkommen zu Unrecht erhalten. Es sei in den dreißiger Jahren gewesen, daß ein Hülzweiler auf die Schwarzenholzer Kirmes gekommen sei: 'Unn hadd dòò en Auswärdijen erschdoch – mimm Messer.' (Und hat dort einen Auswärtigen erstochen – mit dem Messer.) Und das 'Ihr Kinner, bääden! De Babba gehd iwwer Schwaardsenhols' (Ihr

Kinder betet! Der Papa geht durch Schwarzenholz) sei eine abgewandelte Form für den Spruch, den man früher auf junge Männer angewandt habe, die nach Schwarzenholz auf die Freierei gingen, '...Männer, woo an de Schwaardsenholser Mäddchen gefrie hann. Unn aus demm Grund, bis <u>die</u> aangenomm wöören, hann se misse wennischens äämöö gudd de Aarsch gehau grien – wie mer uff gudd Deidsch saad.' (...Männer, die um die Schwarzenholzer Mädchen geworben haben. Und deshalb, bis <u>die</u> akzeptiert waren, mußten sie wenigstens einmal ordentlich den Arsch gehauen kriegen –wie man auf gut Deutsch sagt.)

Ein Hörer aus Schwarzenholz berichtet: 'An den Kirmesen, wenn döö känn Dooder waar, dann waart in Schwaardsenhols känn Kirmes.' (Wenn es an den Kirmestagen keinen Toten gab, dann war es keine richtige Schwarzenholzer Kirmes.) Früher – so wird gemunkelt – seien die Schwarzenholzer auch Hexenverbrenner genannt worden, ja, es wird sogar behauptet, daß sich in Schwarzenholz bis heute ein gewisser Hexenglaube erhalten habe. Tatsache ist, daß um 1600 ein Galgen auf dem Katzenberg stand und daß es unter der Gerichtsbarkeit der Abtei Fraulautern seinerzeit auch zu Hexenverbrennungen gekommen sein soll.

SCHWEMLINGEN – SCHW<u>EE</u>MLINGEN

Schweemlinger Deppegieser (Schwemlinger Topfgießer)

Spottvers: Deppegieser,
Panneschdieser,
wupp, wupp!
(Topfgießer,
Pfannenstößer,
wupp, wupp!)

SEELBACH – SELLBACH

SEHNDORF – SEINDORF

SELBACH – SELLBACH
b. Bosen

Die Oldeburjer (Die Oldenburger)

Das Dorf gehörte früher zum Oldenburgischen.
auch:
Sellbäscher Grumbeerbaure (Selbacher Kartoffel-bauern)

Dort wurden früher viel Kartoffeln gepflanzt und von den Bauern bis nach Saarbrücken zum Verkauf gebracht.

SELLERBACH – SELLERBACH
(zu Püttlingen)

SENGSCHEID – SENGSCHD

Die Sengschder Sauhirde (Die Sengscheider Sau-hirten)

Heinrich Kraus hat zu Sengscheid folgenden Limerick gedichtet:

E luschtiger Bauer aus Sengscht,
der loßt zu de Stut Nochbersch Hengscht.
Was die zwei noht mache?
Ei was'n? Werscht lache.
Genau das, was du, Schluri, denkscht!

(Ein lustiger Bauer aus Sengscheid,
der läßt zu der Stute Nachbars Hengst.
was die zwei dann machen?
Nun, was denn? Wirst lachen.
Genau das, was du, Schlauberger, denkst!)

SIERSBURG – SIERSBURSCH

Siersburg besteht aus Büren, Itzbach und Siersdorf; man spricht dort also nicht von Siersburg, sondern nur von 'Bieren', 'Itzbach' oder 'Sierschtroff'. Alle drei Orte zusammen nennt man 'de Paerre' (die Pfarrei).

SIERSDORF – SIERSCHTROFF

SILWINGEN – SILLWINGEN

SINZ – SENS

De Senser Kulwen (Die Sinzer Raben)
auch:
De Senzer Märkolwen (dasselbe) (Fox, S. 334)

De Senser Schbiddsbo.uwen (Die Sinzer Spitzbuben)

Der Name stammt aus jener Zeit, 'wu die Leid demm Paschduur noch hann missen et Kuur liwwern. Unn de Bauern, de sinn jò e bisjen dsäh im Häärgenn.' (... als die Leute dem Pastor noch das Korn liefern mußten. Und die Bauern geben ja nicht so gern etwas her.) Also forderte der Pastor von der Kanzel herab:
'Mei leef Beierchen, ich will mei Kuur hann!' (Meine lieben Bäuerlein, ich will mein Korn haben!) und dabei unterstrich er seine Worte mit einigen Faustschlägen auf die Kanzeldecke. 'Kumm häär, disch grien mer die Tuur he.i mò dran' (Na warte, dich werden wir diesmal drankriegen), dachten die Bauern und legten unter die Decke der Kanzel ein paar Reißbrettstifte. Und als der Pastor das nächste Mal von der Kanzel herab donnerte und dabei mit der Faust auf die Reißbrettstifte unter der Kanzeldecke einhämmerte, da schrie er wutentbrannt: 'Dat wòòrn de Senser Schbiddsbo.uwen!' (Das waren die Sinzer Spitzbuben!)

Heute sind die Sinzer stolz auf ihren Necknamen und veranstalten jedes Jahr den 'Schbiddsbo.uwenball' (Spitzbubenball).

Die Beurener Buben haben den Sinzern folgenden Spottvers nachgerufen (Fox, S. 335):

De Senzer am Gronn,
Se billen wie de Honn,
Se danzen wie de Schnäken,
Se kenne die Beierner am O'ersch läken.

(Die Sinzer im Grund,
Sie bellen wie die Hunde,
Sie tanzen wie die Schnecken,
Sie können die Beurener am Arsch lecken.)

SITTERSWALD – SIDDERSCHWALD

Sitterswald ist erst unmittelbar vor dem 2. Weltkrieg als
Siedlung angelegt worden.

**Sidderschwalder Kabbeskäbb
(Sitterswalder Kappesköpfe)**
auch:
Siddlunger Kabbeskäbb (Siedlunger Kappesköpfe)

In Sitterswald wurde viel Kappes angebaut, und der Ort
war weit und breit bekannt für seine dicken Kappesköpfe.
auch:
Teggsaaner (Texaner)

So werden die Sitterswalder in jüngerer Zeit genannt, weil
die Jugend dort viel Wildwest-Spiele mit wilden Schieße-
reien gemacht hat.

SITZERATH – SE.ITSERT

Se.itserder Ko.utsen (Sitzerather Kaulquappen)

Se.itserder Ko.utsen
mid de langen Schno.utsen.
(Sitzerather Kaulquappen
mit den langen Schnauzen.)

So spotteten die Bierfelder, worauf die Sitzerather antworteten: 'Berwelder Gääsemutserden' (Bierfelder Geißenfreunde?).

auch:

Se.itserder Hungerbärch (Sitzerather Hungerberg)

Die Bezeichnung spielt auf die Armut des steinigen Bodens an. So entstand der Spottvers:

> Se.itsert, die scheene Schdatt,
> trogge Broot unn niemals satt.
> Viele Schisseln unn niggs drin,
> de Deiwel maan in Se.itsert sinn.
> (Sitzerath, die schöne Stadt,
> trockenes Brot und niemals satt.
> Viele Schüsseln und nichts drin,
> der Teufel mag in Sitzerath sein.)

In der Umgegend wird erzählt, daß in Sitzerath die Vögel auf dem Rücken fliegen, damit sie das Elend nicht sehen.

Eine Sitzerather Hörerin erzählt, daß einmal der Trierer Bischof durchs Land reiste und dabei mit dem Sitzerather Sauhirten ins Gespräch kam: Unn dò frääd denne Sauhird den annern, ei wat er dann vun Beruuf wäär. Ei, saat den Treerer Bischoff, er wäär en Hirte. 'Ja', frääd dann der Sietserder, 'bisch dann mit deinem Lohn tsefridden?' 'Och', saat der Bischoff, 'jòò – et geht.' 'Och', saat dò der Sietserder Sauhirt, 'dò haschde beschdimmt meh Sei wie eisch.' (Und da fragt der Sauhirt den Fremden, was er denn von Beruf sei. Nun, sagt der Trierer Bischof, er sei ein Hirte. 'Ja', fragt dann der Sitzerather, 'bist du denn mit deinem Lohn zufrieden?' 'Och', sagt der Bischof, 'ja – es geht.' 'Och', sagt da der Sitzerather Sauhirt, 'dann hast du bestimmt mehr Säue als ich.')

SÖTERN – SEEDERE

Seeder Mangelskäbb (Söterner Mangelköpfe?)

SOTZWEILER – SODDSWELLER

Spottvers siehe ASCHBACH.

SPIESEN – SCHBIESE

Schbieser Bòòwele *oder* **Bòòbele (Spieser Popel)**
auch:
Schbieser Schdrollewamscher (Spieser Kotfresser)

Ein Spieser Bürger erhielt diesen Namen, nachdem er in ein Jauchefaß gefallen war.

Ein richtiger Spieser – so heißt es – 'muss Räädscheswasser gedrungg hann' (muß Rötcheswasser getrunken haben). Vielleicht ist damit gemeint, daß er als Kind an dem heimatlichen Rötchesbach gespielt haben muß und wenigstens einmal im Leben auch dort hineingefallen sein sollte.

Elversberg war eine Kolonie, der soziale 'Graben' zwischen Elversberg und Spiesen war schier unüberbrückbar. Eine Hörerin aus Elversberg berichtet: 'Mei Ooma hadd immer gesaad: Wäär siwwe Jòhr in Schbiese wohnd, däär iss sò verriggd wie die Schbieser... Die Elmerschberjer Buuwe hann kä Schbieser Määde dirfe freie unn Schbieser Buuwe kä Elmerschberjer Määde. Unn dò hadd das immer gehies, die hann Indsuchd gedrieb. Deswääe hadd mer bei uns gesaad: In Schbiese dò guggd aus jeedem Finschder e Beglobbder. Dòòvòòr saan mier äänfach: Die Schbieser Bòòbele.' (Meine Oma hat immer gesagt: Wer sieben Jahre in Spiesen wohnt, der ist so verrückt wie die Spieser... Die Elversberger Burschen durften nicht um ein Spieser Mädchen werben und Spieser Burschen nicht um Elversberger Mädchen. Und da wurde immer gesagt, daß dort Inzucht getrieben worden wäre. Deswegen hieß es bei uns: In Spiesen schaut aus jedem Fenster ein Verrückter heraus. Darum nennen wir sie einfach: Die Spieser Popel.)

Daß zwischen den Nachbargemeinden Elversberg und Spiesen nicht immer das beste Einvernehmen herrschte, bezeugen auch einige Spottverse.

Sprüche siehe ELVERSBERG.

SPIESERMÜHLE – SPIESERMIEHL

SPRENGEN – SCHBRENGEN

Schbrenger Sandhaase (Sprenger Sandhasen)

STEINBACH – STAEMBACH
b. Lebach

Schdaembacher Kälbscher (Steinbacher Kälbchen)

214

Schdaembacher Wiggewagge (Steinbacher Wickewacken)

Schdaembacher Wiggewagge
duun middem Aaresch waggle,
waggle midde Gnie,
de Deiwel gridd se nie.

(Steinbacher Wickewacken
tun mit dem Arsche wackeln,
wackeln mit den Knien,
der Teufel kriegt sie nie.)

STEINBACH – SCHD<u>ÄÄ</u>NBACH
b. Ottweiler

STEINBERG – SCHD<u>AE</u>MBERSCH
b. Wadern

Schdaemberjer Beesebinner (Steinberger Besenbinder)
auch:
Schdaemberjer Hehlebewohner (Steinberger Höhlenbewohner)

STEINBERG-DECKENHARDT –
SCHD<u>AE</u>MBERSCH – SCHD<u>AE</u>MERISCH

STENNWEILER – SCHD<u>E</u>NNWILLER

Schdennwiller Brääre (Stennweiler Breitspurige)

Man sagte den Bewohnern nach, daß sie sehr prahlerisch seien. In den Nachbargemeinden erzählt man sich von den Stennweilern: 'Die sinn soo reisch, dasse de Wuddsekobb uff die Mischd schmeise, wann se schlachde.' (Die sind so reich, daß sie den Kopf vom Schwein auf den Misthaufen werfen, wenn sie schlachten.)

SULZBACH – SULSBACH

Ein Neckname ist für den Ort nicht bekannt. Die Bewohner werden je nach der Örtlichkeit bezeichnet. So sind diejenigen, die oberhalb der Bahnlinie wohnen, 'die Äwwerdärfer' (Oberdörfer), die auf der Schmelz wohnen 'die Schmelser' u.s.w.

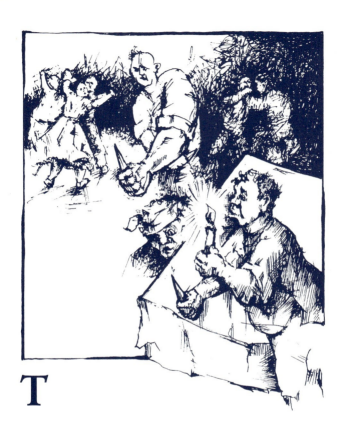

T

'Esch holl mei Gniebsche ruus
 unn schdesch ders in de Buuch'.
'Licht aus – Messer raus!'
Thailen

TETTINGEN – TETTINGEN

THAILEN – TÄÄLEN
HAITTI (scherzhaft)

Täälener Fräschefängker (Thailener Fröschefänger)

Thailener Froschschenkel sollen früher in Pariser Lokalen auf der Speisekarte gestanden haben.
auch:
Täälener Doodschlääer (Thailener Totschläger)
auch:
Messerschdescher (Messerstecher)
auch:
Messerhelden (Messerhelden)

Ein Hörer aus Haustadt erinnert sich daran, wie früher über die Thailener geredet wurde:
'Die Hauschder die hann dann immer gesaad: Endweeder hann se e Schdaan im Sagg ooder e Messer im Sagg.' (Die Haustadter haben damals immer gesagt: Entweder haben sie einen Stein in der Tasche oder ein Messer in der Hosentasche.)

Thailen galt als 'gefährliches' Dorf. Vor dem 1. Weltkrieg soll es keine Tanzmusik gegeben haben, die nicht mit einer Schlägerei geendet hat. Dann – so erzählt man sich in der Umgegend – hätten die Thailener das Licht ausgemacht mit dem Schlachtruf:
'Licht aus, Messer raus!' oder auch: 'Esch holl mei Gniebsche ruus unn schdesch ders in de Buuch!' (Ich hole mein Messer raus und steche dir's in den Bauch!)

Ein Hochwälder weiß zu berichten, daß er im Ersten Weltkrieg – er war damals etwa fünfzehn Jahre alt – manchmal mit dem Pferdegespann durch Thailen fahren mußte. Er habe dann stets die Pferde Galopp laufen lassen, weil die Thailener alte Eimer und anderes Gerümpel in seinen Wagen zu werfen pflegten.

Auch in Trier weiß man sich zu erinnern, daß man durch Thailen im Galopp hindurchfahren mußte, weil dort jeder 'e Wittsche' (einen Stock) im Ärmel oder 'e Schdaen im Sack' (einen Stein in der Hosentasche) hatte. Außerdem sei dort früher jeder ein Jäger, d.h. Wilderer gewesen.

Spruch siehe KONFELD.

THALEXWEILER – EGGSWILLER

Spottvers: siehe ASCHBACH.

THELEY – TEELE

Teeler Enjer (Theleyer Entchen)
auch:
Teeler Penninge (Theleyer Pfennige?)
auch:
Roodschwänsjer (Rotschwänzchen)

Der Name soll nach Meinung einer Informantin daher kommen, daß es in Theley besonders viel Rothaarige gegeben haben soll. Hingegen meint ein Hörer, der Name könne auch darauf zurückzuführen sein, daß in Theley Rötel gegraben wurde. Die rote Farbe habe natürlich weithin sichtbare Spuren auf den Kitteln der Arbeiter hinterlassen.

Spottvers:
In Teele gibts niggs se schdehle,
in Toole gibts niggs se hoole.
(In Theley gibt es nichts zu stehlen,
in Tholey gibt es nichts zu holen.)

Mit diesem Spruch rächt sich die reichere Landbevölkerung der Umgebung an den 'hochnäsigen städtischen Hungerleidern'.

In Theley sagte man früher 'Oggoddschinnòò' als Ausdruck höchster Verwunderung. Es wurde keine Erklärung dafür gefunden. Vielleicht: Oh Gottchen, oh?

Siehe auch LINDSCHEID.

THOLEY – TOOLE

Tooler Fraddsemacher (Tholeyer Angeber)
auch:
Tooler Wend (Tholeyer Wind)

Tholey mit der Abteikirche und dem Kloster war in den Augen der umliegenden Dörfer immer schon ein bißchen städtisch. Seine Bewohner galten deshalb als eingebildet und hochnäsig. Die 'Oberschicht' (Beamten) – so berichtet ein Oberthaler – hätten sich deutlich von der Arbeiterklasse distanziert; so gab es zum Beispiel für diese 'Klassen' getrennte Gesangvereine und Karnevalsvereine.

Aus Theley stammt der folgende Spruch:

'Dreisisch Mòòrje Wend hennerm Haus unn vier geglau-
de Hiehner – dat senn de Tooler' (Dreißig Morgen Wind
hinterm Haus und vier geklaute Hühner – das sind die
Tholeyer.)

Spottvers: siehe ASCHBACH.

In Marpingen spottet man:

> In Toole
> gibts niggs se hoole.
> Groose Schissele
> met weenisch drin,
> de Guggugg maan in Toole sinn.

> (In Tholey
> gibt es nichts zu holen.
> Große Schüsseln
> mit wenig darin,
> der Kuckuck mag in Tholey sein.)

Siehe auch THELEY.

TÜNSDORF – TINSCHDORF

Tinschdorwer Ginsläscher (Tünsdorfer Gänselöcher?)

TÜRKISMÜHLE – TÄRKEMILL

U

In Eggswiller sinn de Kinner
beim Hannjobb am Bierebaam
getubbd wòòr.
Urexweiler

ÜBERHERRN – IWWERHERRN

Iwwerherrer Leerscher (Überherrner Lerchen)

ÜBERLOSHEIM – IWWERLOOSEM

Messerschdescher (Messerstecher)
auch:
Dibbepoodscher (Kesselflicker)

ÜBERROTH – RÒÒD

Der Ort liegt im sogenannten 'Bohnental', ebenso wie die Orte Niederhofen, Dorf, Neipel und Scheuern. Über den Namen 'Bohnental' gibt es verschiedene Vermutungen. Eine davon: weil dort der Boden mit kleinen Kiessteinchen bedeckt ist, die aussehen wie Bohnen.

UCHTELFANGEN – UDDELFANGE – ULLEFANGE

Uddelfänger Wambe (Uchtelfanger Dickwanst)

UREXWEILER – EGGSWILLER
HANNJOBBSHAUSE (scherzhaft)

De Eggswiller Bòòbele (Die Urexweiler Popel)
auch:
De Eggswiller Waffele (Die Urexweiler Waffeln)

Die Männer arbeiteten auf der Grube und waren während der Woche abwesend, weil sie im Schlafhaus schliefen. Sonntags backten ihre Frauen und Mütter ihnen Waffeln als Proviant für die kommende Arbeitswoche.

auch:

De Getubbde (Die Getupften)

Ein Hörer aus Bildstock berichtet: 'In Eggswiller sinn de Kinner, wann se uff de Weld kumm sinn, beim Hannjobb (Hansjakob) am Bierebaam getubbd wòòr. Die sinn allegaar owwe nidd jusd gewään.' (In Urexweiler sind die Kinder, wenn sie auf die Welt kamen, beim Hansjakob gegen den Birnbaum gestoßen worden. Die sind allesamt im Oberstübchen nicht ganz in Ordnung gewesen.)

Dagegen verwahrt sich ein 'Getuppter'. Er weist darauf hin, daß die Urexweiler durch das 'Getupptsein' erst ihren wahren Humor entwickeln und zitiert den folgenden Spruch:

> Wäär dorsch Eggswiller kimmd òhne gefobbd,
> unn dorsch Maerbinge òhne geglobbd,
> Däär kimmd dorsch de gans Weld.

> (Wer durch Urexweiler kommt ohne gefoppt
> und durch Marpingen ohne geprügelt,
> der kommt durch die ganze Welt.)

Eine Hörerin wußte noch eine andere Version:

> Dorsch Merschwiller òhne geschdoch,
> dorsch Welschbach òhne geglobbd,
> dorsch Eggswiller òhne gefobbd,
> kimmd mer dorsch de gans Weld.

(Durch Merchweiler ohne gestochen,
durch Welschbach ohne geprügelt,
durch Urexweiler ohne gefoppt,
kommt man durch die ganze Welt.)

Ein alter Urexweiler berichtet, daß vor allem die Fremden bei ihnen 'gedubbd' worden seien. Zum Beispiel: 'Wenn frieher ääner nòò Eggswiller geheiraad hadd, däär iss dann unnerm Bierebaam gedubbd wòòr. Unn däär waar dòòdemid in die Dorfgemeinschafd uffgeholl'. (Wenn früher einer nach Urexweiler geheiratet hat, dann wurde er unter dem Birnbaum getupft. Und damit war er dann in die Dorfgemeinschaft aufgenommen.)

auch:
De Eggswiller Hannjobbe (Die Urexweiler Hansjakobs)

Der 'Hannjobb' (Hansjakob) hat wirklich gelebt und wird heute noch als Original verehrt. Von seinem Witz gibt es viele Geschichten. Er nannte seine Gastwirtschaft 'Zum Bahnhof', obwohl es in Urexweiler keinen Bahnhof gab und die nächsten Bahnstationen – St. Wendel, Dirmingen und Wemmetsweiler – kilometerweit entfernt waren. Fremde kamen damals wirklich nicht durch Urexweiler, ohne gefoppt zu werden. Aber auch heute noch machen sich die 'Hannjobbe' einen Spaß daraus, ahnungslose Fremde zu veräppeln. 'E Fremder gridd bei uns die Sägg vollgemach' (Ein Fremder kriegt bei uns die Taschen vollgemacht) – so nennen es die Einheimischen.

Apropos Lügen. Dazu erzählt man sich folgendes:

Als einmal ein neuer Pastor in den Ort kam, sagte ein Einheimischer zu ihm: 'Laese unn schreiwe kinne mer nidd, awwer liee wie gedruggd. (Lesen und schreiben können wir nicht, aber lügen wie gedruckt.)

Noch eine wahre Geschichte:
Ein junger Mann war tödlich verunglückt. Es war ein tragischer Fall, denn er hinterließ eine Frau und zwei kleine Kinder. Wie es der Brauch ist, wurde nach der Beerdigung 'die Houd versuff' (die Haut versoffen). Zufällig befanden sich in der Wirtschaft auch zwei 'Dachrutscher', d.h. zwei mit Dacharbeiten beschäftigte Handwerker der Elektrizitätswerke. Sie wurden gastfreundlich in den Kreis der 'Trauergemeinde' einbezogen. Als die beiden Elektriker heimgingen, sagten sie: 'Wann in Eggswiller nommò immand schdèrrbd, schiggeder uus Order.' (Wenn in Urexweiler nochmal jemand stirbt, dann gebt uns Bescheid, damit wir kommen.)

Einen echten Urexweiler erkennt man an seinem rollenden Zungen-R, mit dem er den Namen einer Gemarkung ausspricht: Schache*rirrerre*'.

URWEILER – ÒÒRWELLER

Òòrweller Gwaage *oder* Gwaagerde
(Urweiler Frösche?)

Die Gegend um Urweiler heißt auch 'Gwaageland'. Daher meint ein Hörer, der Name sei nicht auf 'Gwaage' = Frösche zurückzuführen, sondern auf den Brauch des Pfingstquacks.

226

V

Välglinger Geisereider
Völklingen

VÖLKLINGEN – VÄLGLINGE

Välglinger Geisereider (Völklinger Geißenreiter)

Die Hüttenarbeiter wurden 'die Hiddeschbaddse' oder auch 'Hiddehännesjer' genannt. Sie empfanden diese Namen als Beleidigung.

VON DER HEYDT – VUNDERHEID

Die Limmowamscher: jee nòòdemm
wivvel Leid se wòòren, honn se sisch aa noch
soovill Schdrohhälm debei beschdelld.
Wadgassen

WADERN – WAADERN

De Waaderner Blaufärwer (Die Waderner Blaufärber)

WADGASSEN – WAARGASSEN

Waargasser Glaasschbaddsen (Glasspatzen)

In Wadgassen befand sich eine Glashütte, und viele Einwohner waren dort beschäftigt. Sie trugen früher das Rohmaterial zur Glasherstellung in einer Kiepe (dem Spatz) auf dem Rücken.
auch:
Limmowomscher (Limonadengenießer)

So wurden sie von den Hostenbachern genannt, 'weil se soogaar on der Waargasser Kirf en der Gneib Limmo beschdelld honn, unn jee nòòdemm wivvel Leid se wòòren, honn se sisch aa noch soovill Schdrohhälm debei beschdelld'. (... weil sie sogar an der Wadgasser Kirmes in der Kneipe Limonade bestellten, und je nachdem, wieviel Personen sie waren, bestellten sie sich noch die gleiche Anzahl von Strohhalmen dazu.)

WADRILL – WADDRIEL

Waddrieler Weerschdschen (Wadriller Würstchen)

WAHLEN – WËHLEN

Merkspruch: Gedöö, gedöö – de Wöhlener de löö.
So sagt man in Haustadt, wenn von Wahlen die Rede ist,

denn die Wahlener haben die Angewohnheit, bei jeder Gelegenheit 'gedëë, gedëë' zu sagen. (Woher 'gedëë' eigentlich kommt, weiß man nicht genau; die Wahlener gebrauchen es als Ausdruck höchster Verwunderung.)

Redensart: Er hat sich geduckt wie en Hëës inne Hëëwer. (Er hat sich geduckt wie ein Hase in den Hafer). Ein Wahlener Hörer erzählt: 'Da waren ein paar Jungens, die sind üwwer de Flur und da mußte einer dringend. Und da isser in so en Haferfeld. Und da sind dann andere Leute dazugekommen, und da mußt er sich doch legen. Und da haben die Kollejen gesaacht: Er hat sich geduckt wie en Hëës inne Hëëwer. So iss das entstanden.'

Den Hahn nennt man in Wahlen 'Hunnegòòkert'. Eine Grabgabel heißt 'Grëëfgëëbel'.

WAHLSCHIED – WAHLSCHD

Wahlschder Wiggewagge (Wahlschieder Wickewacke)

Wahlschder Wiggewagge
mid de digge Aarschbagge.
(Wahlschieder Wickewacken
mit den dicken Arschbacken.)

Zwischen den Nachbargemeinden Wahlschied und Holz gibt es merkliche Unterschiede in der Aussprache. Eine Wahlschiederin gibt uns ein Beispiel: 'In Wahlschd sääd mer Doorewòòn, unn in Hols sääd mer Doolewòòn'. (In Wahlschied sagt man 'Doorewòòn' und in Holz sagt man 'Doolewòòn'.) Gemeint ist in beiden Fällen 'Totenwagen'.

WALDHÖLZBACH – HĒLSBICH

Spruch siehe KONFELD.

WALHAUSEN – WALLHAUSE

WALLERFANGEN – WALLERFANGEN – WOODREWOASCH

Wallerfangen hieß während der 'Franzosenzeit' Vaudre-vange, und bei der ganz alten Generation hat sich dieser Name noch erhalten.

Wallerfanger Brockeldeppcher (Wallerfangen Dick-milchtöpfchen)
auch:
Wallerfanger Deppjesdräher (Wallerfanger Topf-macher) (Fox, S.334)

In Wallerfangen war früher eine Fayencerie, in der viele ortsansässige Arbeiter beschäftigt waren.

WALPERSHOFEN – WALWERSCHHOOWE

Walpershofen war bis nach dem 2. Weltkrieg eine Sprachinsel mit alemannisch gefärbter Mundart.

Merkspruch: Geh russ uss minnem Huss, mer kann disch nidd gebruche, mer bagge heid Kuche. (Geh raus aus mei-nem Haus, man kann dich nicht brauchen, wir backen heute Kuchen.)

Walwerschhoower Waschweiwer wirde Winnele wäsche, wenn se wissde, woo Wasser wäär. (Walpershofer Waschweiber würden Windeln waschen, wenn sie wüßten, wo Wasser wäre.)

In Walpershofen gibt es Katholiken, Protestanten und Lutheraner; letztere werden 'die Schdrawweler' (die Strampeler) genannt.

WALSHEIM – W<u>AA</u>LSEM – W<u>AA</u>LSUMM

Waalsemer Fässjer (Walsheimer Fäßchen)
auch:
Waalsemer Bierfässjer (Walsheimer Bierfäßchen)

Dort gab es früher eine Brauerei.

WEBENHEIM – W<u>ÄÄ</u>WENEM – W<u>ÄÄ</u>EM

Wääwemer Graule (Webenheimer derbe, ungeschlachte Menschen)

Was man sich unter einem 'Graul' vorzustellen hat? Der Kuseler Mundartdichter Gerd Krieger verdeutlicht es an einer wahren, selbsterlebten Geschichte:
Einst hatten sich an der Kirmes nach altem Brauch und schöner Sitte die Webenheimer versammelt, um die 'Kerweredd' anzuhören. Bisher waren immer sehr gute Reden gehalten worden, und so war alles neugierig auf die diesjährige 'Predigt'. Der Redner bestieg die Leiter, schaute kurz in die Runde, dann sagte er:
'E Kerweredd wollener hawwe? Meer werres eisch weise.

De Hund soll eisch e Kerweredd scheise!' (Eine Kirmesrede wollt ihr haben? Wir werden es euch zeigen. Der Hund soll euch eine Kirmesrede scheißen!) Fertig! Die Kerweredd war zu Ende. Da entrang sich einer alten Webenheimerin der empörte Ausruf: 'Esuu e Graul!' (So ein Graul!) Das also ist heutzutage ein Graul. Früher aber, ganz früher, als es in Zweibrücken noch Scharfrichter gab, sollen diese mehrere Generationen lang den Familiennamen 'Graul' getragen haben. Ein Scharfrichter darf natürlich von Berufs wegen nicht zimperlich sein, und so ist möglicherweise von daher das Wort 'Graul' dann allgemein auf einen grobschlächtigen Menschen angewendet worden.

auch:

Wääemer Gaugaug (Webenheimer Kuckuck)

Der Neckname 'Gaugaug' ruft auch heute noch den Unwillen vieler Webenheimer hervor. Sie bestreiten aufs entschiedenste, jemals 'Gaugaug' statt 'Guggugg' gesagt zu haben. Die Blieskasteler hingegen behaupten augenzwinkernd, daß auf der Brücke zwischen Blieskastel und Webenheim der Kuckuck nicht 'Guggugg', sondern 'Gaugaug' rufen würde.

Jedenfalls muß sich die Mundart von Webenheim in den Ohren der umliegenden Ortschaften komisch angehört haben, andernfalls hätte man die Webenheimer nicht gehänselt mit solchen Sprüchen wie: 'Kadrien, was koche mer heid?' – 'E gauri, gauri Grumbeersubb unn Gweddschekauche.' (Katrin, was kochen wir heute? – Eine gute, gute Kartoffelsuppe und Zwetschenkuchen.) Oder: 'Luwwies, bring de Laddonder, de Kau hadd gemochd!' (Luise, bring die Laterne, die Kuh hat gekalbt.)

WECKLINGEN – WEGGLINGE

Die Biwweggse (?)

Der Neckname 'Biwweggse' ist weit und breit bekannt, aber niemand weiß zu sagen, woher er kommt und was er bedeutet.

WEHINGEN – WEHINGEN

WEHRDEN – WEE'EDEN

Wehrdener Messerschdescher (Wehrdener Messerstecher)

Es wird erzählt, daß vor dem ersten Weltkrieg viele Italiener in Wehrden arbeiteten, vor allem beim Bau der Bahnlinie. Sie wohnten unten an der Saar, in der sogenannten Kolonie. Bei den Tanzveranstaltungen habe es häufig Streitigkeiten gegeben, und manch einer soll durch Messerstechereien umgekommen oder verletzt worden sein.
auch:
Die Wehrdener Waggekäbb (Die Wehrdener Wackersteinköpfe)

Angeblich sollen die Wehrdener ihre nachbarlichen 'Feinde' mit dicken Wackersteinen in die Flucht gejagt haben.
auch:
Wehrdener Schnòòge (Wehrdener Schnaken)

Sprüche (Schimpfereien) siehe GEISLAUTERN.

Dë schänschde Ooed uff Ee'eden –
das iss Wee'eden.
(Der schönste Ort auf Erden –
das ist Wehrden.)

So lautet ein Neckvers der Hostenbacher, weil die Wehrdener angeblich kein 'r' sprechen können.

WEIERWEILER – WE.IERWELLER

We.ierweller Dischdegg (Weierweiler Tischdecke)

Spruch siehe KONFELD.

WEILER – WEILER

WEISKIRCHEN – WE.ISKERJEN

We.iskerjer Porreddschen (Weißkircher Porree)

Spruch siehe KONFELD.

Merkspruch:
Et eeschd weesgeweesten Hoos a Weeskerschen iss oos
weesgeweesten Hoos. (Das erste weißgetünchte Haus in
Weiskirchen ist unser weißgetünchtes Haus.)

WEITEN – WÄ.ITEN

Wä.iter Kaapeskäpp (Weitener Kappesköpfe) *auch:*

Wä.iter Kaapestreppler (Weitener Kappestrampler)

'Kaapestreppler' sind Leute mit großen Füßen. In der Gegend wurde viel Kappes angebaut. Das Kraut wurde auf Krauthobeln geschnitten und als Sauerkraut in große Bottiche eingemacht. Dabei mußte es fest zusammengepreßt werden. 'Unn dann isset gutt, wemmer grooß Fieß hätt fier däär Kaapes tse treppeln, dat däär fescht gitt'. (Und dann ist es gut, wenn man große Füße hat, um auf dem Kappes zu trampeln, damit er fest zusammengepreßt wird.)

Böse Zungen behaupten, die Weitener könnten mit ihren Tretern mühelos und trockenen Fußes die Saar überqueren. Dort feiert man im Herbst das 'Wä.iter Kaapesfescht' (Weitener Kappesfest).

Sprüche siehe ORSCHOLZ.

WELLESWEILER – WELLESWILLER

WELLINGEN – WELLINGEN

Wellinger Päns (Wellinger Frechdachse)

WELSCHBACH – WELSCHBACH
JAABACH (scherzhaft)

Den Namen 'Jaabach' soll dem Vernehmen nach der Ort seit der Saarabstimmung tragen, weil die überwiegende Mehrheit mit 'ja' gestimmt hätte.

WEMMETSWEILER – WEMMEDSWILLER

WERBELN – WERWELN

Die Essischläscher (Die Essiglöcher)
auch:
Die Grennoobler (Die Grenobler)

> Werweln, die Grennoobelschdadd,
> woo nuur dreisehn Heiser hadd.
> (Werbeln, die Grenoblerstadt,
> die nur dreizehn Häuser hat.)

Eine Hörerin erinnert sich, daß sie vor ca. 20 Jahren getrost in Völklingen eine Fahrkarte nach Grenoble verlangen konnte – sie bekam dann eine nach Werbeln.

WERSCHWEILER – WERSCHWILLER

WIEBELSKIRCHEN – WIWWELSKÄRJE
HONNEGGERHAUSE (scherzhaft, weil Erich Honekker aus Wiebelskirchen stammt)

Wiwwelskärjer Dswiwwelsubb (Wiebelskircher Zwiebelsuppe)
auch:
Wiwwelskärjer Dswiwwelfresser (Wiebelskircher Zwiebelfresser)

WIESBACH – WISSBACH

WINTERBACH – WINDERBACH

Man sagt auch 'Kääsbach' oder 'Kääsland', denn früher wurde von den Winterbacher Bauern Käse hergestellt und in der Umgebung verkauft.

WINTRINGER HOF – WINDRINGER HOOF

WITTERSHEIM – WIDDERSCHEM – WIDDERSCHUMM

WOCHERN – WOCHERN

Wocherer Keddern (Wocherner Kater)

Sie schleichen angeblich wie die Kater durch die Nacht.
auch:
Wocherer Wädds (Wocherner Eber)

Früher wurde auf der Kirmes der Dorfeber gewaschen und geschlachtet.

WOLFERSHEIM – WOLWERSCHEM – WULWERSCHEM – WULWERSCHUMM

Wolwerschemer Haase (Wolfersheimer Hasen)

Wulwerschemer Haase
gehn sesamme graase.
(Wolfersheimer Hasen
gehen zusammen grasen.)

Über die Mundart der Wolfersheimer, die ihren Ort
'W*u*lwersch*u*mm' nennen, machten sich die Blickweiler
lustig mit dem Spruch: 'Brawwu, brawwu, lass die Fuh-
nen fludderen!' (Bravo, bravo, laß die Fahnen flattern!)

WOLFERSWEILER – WOLWERSCHWILLER

Die Oldeburjer (Die Oldenburger)

Der Ort gehörte früher zum Oldenburgischen.

Asweiler, Eitzweiler und Wolferssssweiler sind das sogenannte 'Heggeland' (Heckenland), weil es dort sehr viel
Hecken gibt.

WÖRSCHWEILER – WÄRSCHWILLER

WUSTWEILER – WUSCHDWÄ.ILER

Da in der Mundart 'wuuschd' soviel wie 'häßlich' bedeutet, haben böse Zungen aus benachbarten Gemeinden
den Spottvers ersonnen:

Wuschdweiler
mid de wuuschde Meiler.
(Wustweiler
mit den häßlichen Mäulern.)

Z

Zwòòbich le.id än der Hild
Hëlsbich le.id ëm Loch
Unn die Schääder
hadd de Wollef geschdoch.
Zwalbach

ZWALBACH – ZW<u>ÒÒ</u>BICH

We.iskërich – Sche.iskërich
Kunneweld – Ku.ebenloch
Täälener Beddelsägg
We.ierwiller Dischdegg
Ròòbwiller grien Schdadd
Zwòòbich le.id än der Hild
Hëlsbich le.id ëm Loch
Unn die Schääder hadd de Wollef geschdoch.

(Weiskirchen – Scheißkirchen
Konfeld – Rabenloch
Thailener Bettelsäcke
Weierweiler Tischdecke
Rappweiler grüne Stadt
Zwalbach liegt am Hang
Waldhölzbach liegt im Loch
und die Scheidener hat der Wolf gestochen.)

und drum herum

Rheinland-Pfalz

E Spitzklicker aus de Stadt Kusel
liebt s'Emma, es Luwwis, es Susel.
Von zwei krieht er Zwilling,
vom dritte gar Drilling.
Jetzt liebt er nur noch den Fusel.
Kusel

RHEINLAND-PFALZ – REINLAND-PALS

Anmerkung: Es wurden nur solche Pfälzer Necknamen
aufgenommen, die entweder im Necknamenbuch von
Helmut Seebach nicht verzeichnet sind oder zu denen
uns zusätzliche Informationen geliefert wurden.

ALTENGLAN – GLAAN – GLAAE

Glaaner Herdsdriggerde (Altenglaner Herzdrücker)

'Herdsdriggerde' sind Kartoffelklöße, und die sind weit und breit außerordentlich beliebt, wenngleich sie anderswo unter anderen Namen auftreten. Die Altenglaner haben ihre 'Herdsdriggerde' auf einem Brunnen verewigt: in Form von vielen kugelrunden Klößen und einer männlichen Figur, die ein Herz in Händen hält und an sich drückt.

ALTENKIRCHEN – AALEKÄRJE

Waffele (Waffeln)

Nach Meinung einer Hörerin kommt der Name daher, daß 'Subb unn Grumbierwaffele' (Suppe und Kartoffelwaffeln) als gutes Sonntagsessen galt. Eine andere Erklärung: Die Frauen von Altenkirchen hätten ihren Männern, die ins Saarland zur Arbeit gefahren sind, große Vorräte von Waffeln mitgegeben.
auch:
Pussgnäbb (Poßknospen?)

'Gnäbb' können Knöpfe oder Knospen sein. Möglicherweise kommt der Name 'Pussgnäbb' von 'possen', denn in der Gegend gibt es sehr viele Kirschbäume.

AUERBACH – AUERBACH

Die Horrische

Dort sagt man 'horrisch' (hatte ich). Man spottet in der Umgebung: 'Do horrisch mool e Himd ans Finschder gehänggd' (Da hatte ich mal ein Hemd ans Fenster gehängt).

AYL – AEL

Aeler Ko.uben (Ayler Raben)

BATTWEILER – BADDWILLER

Baddwiller Rauhe (Battweiler rauhe Burschen)

Den Battweilern sagt man nach, daß sie streitsüchtig seien und notfalls auch ihrem Gegner 'een uff die Ohre haue, dass er die Sunn voor e Pannkuuche anguggd' (... eine auf die Ohren hauen, daß er die Sonne für einen Pfannkuchen hält). (Ewig)

BAUMHOLDER – BAAMHOLLER

Der Ort mußte nach dem 2. Weltkrieg von den Einwohnern geräumt werden; seither ist dort ein amerikanischer Truppenübungsplatz.

Fleggeschisser (Fleckenscheißer)

BEDESBACH – BÄÄDSBOCH

Bäädsbocher Flammkuche (Bedesbacher Flammkuchen)

BERGLANGENBACH – LANGEBACH

Noch heute kann man den Spruch hören:

Oh Langebach, oh Langebach,
kä Schdubb gekehrd, kä Bedd gemach.
(Oh Langenbach, oh Langenbach,
keine Stube gekehrt, kein Bett gemacht.)

BERSCHWEILER – BAESCHWILLER

Baeschgneewel – (Bergknebel)

Angeblich können die Ortsansässigen kein 'r' sprechen.

In Berschweiler fragt man: 'Was machet ihr dann dòò?
In Reichweiler: 'Was machener dann dò?
In Freisen: Was wird dann dòò gemischd?

BIEBELHAUSEN – BE.IBELHAUSEN

Be.ibelhauser Schle.aken (Biebelhauser Schnecken)

Be.ibelhauser Schle.aken
krappeln op de Schte.aken
op den hellijen O.usderdaach
de Deiwel gre.it se äwwer naach.

(Die Biebelhauser Schnecken
krabbeln auf den Stecken
an dem heiligen Ostertag,
der Teufel kriegt sie aber noch.

BIEDERSHAUSEN – BIERERSCHHAUSE

Baggebeere (gedörrte Birnen)

Es scheint eine Spezialität der Biedershauser gewesen zu sein, die gedörrten Birnen zu Mus zu kochen und dann als Kuchenbelag zu verwenden.

BIEWER – BIEWER

Biewerner Hòhnen (Biewerner Hähne)

BIRKENFELD – BIRGEFELD

Die Fuulerlaale (Die Futterläden)

Statt Futter sagt man dort 'Fuuler', statt Laden 'Laale'; darin unterscheidet sich die Sprache von der der umliegenden Orte und wird zur Zielscheibe des Spottes.

BLAUBACH – BLAABACH – BLÄÄBACH

Reeweschnier (Rebenschnitter = Hirschkäfer)

Es gibt eine hübsche Geschichte darüber, wie die schlauen Blaubacher dereinstens dem Herzog von Zweibrücken einen Bock abliefern sollten und sie ihm statt eines Rehbocks einen Hirschkäferbock brachten.

Die Kuseler sagten den benachbarten Blaubachern nach, sie würden sich 'Blaabacher' nennen, wenn die Ernte gut war, bei schlechter Ernte jedoch 'Blääbacher'.

Mit dem Wort: 'Blaabach, de Neinde' weist man jemanden zurück, der viel dummes Zeug redet. Es bezieht sich auf die Versammlungen des Blaubacher Gemeinderates, der am Neunten jeden Monats seine Sitzungen abhielt und dieses Datum auch unter amtliche Schreiben setzte.

Weeschde nidd, woo Blääbach leid?
Blääbach leid im Graawe,
Woo die scheene Määdscher sein,
Schdingge wie die Raawe.
Wann se morschens frieh uffschdehn,
gugge se noo de Wolge,
Modder, iss die Subb gekochd,
iss die Kuh gemolge?
(Weißt du nicht, wo Blaubach liegt?
Blaubach liegt im Graben,
wo die schönen Mädchen sind,
stinken wie die Raben.
Wenn sie morgens früh aufstehen,
gucken sie nach den Wolken,
Mutter, ist die Suppe gekocht,
ist die Kuh gemolken?)

BLEDESBACH – BLIDDESBACH

Addsele (Elstern)

BOSENBACH – BOOSEBACH

Kieh (Kühe)

Es soll früher dort sehr viel Rindvieh gegeben haben.

BOTTENBACH

Lehmeschdamber (Lehmstampfer)

BREITENBACH – BRÄÄREBACH – BRAAREBACH

Geeleriewe (Gelbrüben)

Merkspruch: In Braarebach gebbds Grumbiere, haas unn gans. Das bedeutet nicht, daß es Kartoffeln, Hase und Gans zu essen gibt, sondern daß die Kartoffeln dort heiß und ganz – als Pellkartoffeln – gegessen werden.

BRUCH – BRUUCH

Die Bruuchkaddse (Die Bruchkatzen)

So werden die Bruchbewohner von den Bewohnern der Sickinger Höhe genannt. Als Bruch bezeichnet man das Gebiet von Homburg bis Kaiserslautern.

CONTWIG – KUNDWISCH

Kundwischer Nawwel (Contwiger Nebel)

Im Contwiger Dialekt heißt der Nebel 'Nawwel', während man in den angrenzenden Orten 'Newwel' sagt.

Merksatz: Bis Kundwisch kummd de Newwel, dord fangd de Nawwel aan. (Bis Contwig reicht der Nebel, dort fängt der Nabel an).

In Nachbarorten erzählt man sich, die Contwiger näh-
men den Kartoffelsalat in Schuhschachteln mit.

Die Contwiger Maurer waren das Ziel von spöttischen
Redensarten: 'Sei Lebbdaa werd kee Maurer reisch, was er
verdiend, versaufd er gleisch'. (Sein Lebtag wird kein
Maurer reich, was er verdient, versäuft er gleich). Immer-
hin schienen sie doch ihre Familien nicht hungern zu las-
sen, besonders nicht im Sommer, wenn es viel Arbeit und
entsprechend gute Verdienstmöglichkeiten für sie gab.
Es wird nämlich berichtet, daß die Frauen der Contwiger
Maurer im Sommer beim Metzger 'e Pund digger
Schbegg' kauften, im Winter hingegen 'e Verdelpindsche
Fleesch unn nedd so vill Gnoche draan' verlangten.

CRONENBERG – GROONEBERSCH

Heggebägg (Zecken)

DENNWEILER-FROHNBACH –
DENNWILLER-FRÒHNBACH

Die Wille (Die Wilden)

Sie werden ihrer besonderen Aussprache wegen gern ge-
hänselt mit dem Spruch:
'Peeler, moch de Laale dsuu, es kimmd e Geweller!
(Peter, mach den Laden zu, es kommt ein Gewitter!)

DIEDELKOPF – DEELEKOBB

Guggugge (Kuckucke)

Der Hausberg von Diedelkopf, der jetzt 'Geißberg heißt, hieß früher 'Gauchsbersch'. Von dort rief der Kuckuck hinunter ins Tal.

DIETRICHINGEN – DIEDRISCHINGE

Diedrischinger Sandhaase (Dietrichinger Sandhasen)

Auch Sandhasen fängt man am besten, indem man ihnen Salz auf die 'Briddsch' (den Schwanz) streut.

'Mer kann awwer nedd wisse, wie de Haas laafd' hadd de Annermann gesaad, unn dò harrer e Schling uffs Dach geschdelld.' (Ewig) (Man kann aber nicht wissen, wie der Hase läuft, sagte einmal ein Mann, und legte darum eine Schlinge auf dem Dach aus.)

DILMAR – DALLMER

De Dallmer Muken (Kröten) (Fox, S. 334)

Bei Fox (S.335) finden wir folgenden Neckvers:

De Dalmer Quick-quaken
Met de langen O'eschbaken,
Met de schmualen Suelen,
Der Deiwel soll se hualen.

(Die Dilmarer Quick-quaken
Mit den langen Arschbacken,
Mit den schmalen Sohlen,
Der Teufel soll sie holen.)

DITTWEILER – D<u>IE</u>WILLER

ECKERSWEILER – <u>E</u>GGERSCHWILLER

Schweidser (Schweizer)

ERDESBACH – <u>Ä</u>RDSBOCH

Ärdsbocher Kärschegnäbb (Erdesbacher Kirschkerne)

Mißgünstige Nachbarorte erfanden diesen Necknamen, denn auf dem Erdesbacher Bann wuchsen viele Kirschen. Angeblich aßen die Dorfbewohner die begehrten Früchte mitsamt den Steinen und machten dann ihren Verdauungsspaziergang bis an die Ortsgrenze. Mit der Zeit soll auf diese Art eine Ringmauer aus Kirschkernen rund um das schmucke Dörfchen entstanden sein.

Eine Erdesbacherin erzählt von ihrer Oma: '...die hadd Kärschekuche gess, ään Schdigg nòòm annere, unn kä ääne Käare rausgemachd, kä ääner. Unn hadder niggs geduun, gaar niggs, die iss viereachdsisch worr.' (die hat Kirschkuchen gegessen, ein Stück nach dem andern, und hat keinen einzigen Stein rausgemacht, keinen einzigen. Und hat ihr nicht geschadet, gar nicht, die ist vierundachtzig geworden.)

'Gnäbb' (Knöpfe) nennt man dort aber auch Klöße, so daß 'Kärschegnäbb' auch Kirschklöße sein könnten.
Merkspruch:
Peeler, moch de Laale dsuu, es kimmd e Geweller!
(Peter, mach den Laden zu, es kommt ein Gewitter!)

ESCHENAU – ESCHENAU

Die Wunner (Die Wunder)

Bei einer Überschwemmung soll die Brücke bei der Eschenauer Mühle weggerissen und fortgeschwemmt worden sein. Drei Orte glanaufwärts – wohlgemerkt: glanaufwärts – war eine Brücke angeschwemmt worden, und die Eschenauer behaupteten steif und fest, daß dies ihre Brücke sei. Na, wenn das kein Wunder war!

ETSCHBERG – EDDSCHBERSCH

Hier sagt man 'Rammele' und 'Grambiere', während es in den Nachbarorten 'Rummele' und 'Grumbiere' heißt.

Merkspruch: Kamm erenn, dò jenn sense. (Komm herein, hier herinnen sind sie.)

FEHRBACH – FEHRBACH

Die Tirrooler (Die Tiroler)

Weil bei der Erbauung des Zweibrücker Schlosses Arbeiter aus dem Pitztal in Tirol beschäftigt wurden.

GRIES – GRIES

Die Ende (Die Enten)

Zwischen Gries und Sand gibt es viele Weiher und Sümpfe – ein Paradies für Enten.

GROßSTEINHAUSEN – SCHD**ÄÄ**NHAUSE

Hornoggse (Hornochsen)

'Do hammer uns was Scheenes angerischd', saad een Hornoggs dsem anner, wie se ehre eiene Mischd hann misse die Heigass nuffdrigge. (Ewig) ('Da haben wir etwas Schönes angerichtet', sagt ein Hornochse zum andern, als sie ihren eigenen Mist die Heugasse hinaufdrükken mußten.)

Wenn die Kleinsteinhauser nach Großsteinhausen gehen, sagen sie: 'Mer gehe in die Schdadd'. (Ewig) (Wir gehen in die Stadt.)

> Schdäänhauser Riggeragge
> midde grumme Aarschbagge.
> (Steinhausener Rickeracken
> mit den krummen Arschbacken.)

GUSENBURG – G**UU**SEBURSCH

Guuseburjer Taabese (Gusenburger Tölpel)

In Bierfeld hat sich auf die Frage, ob 'dat Greedsche danse kann' der Spruch erhalten:

> Mä gewess kann uus Greedsche danse,
> nuur die Taabese hollen et nit.

> (Aber gewiß kann unser Gretchen tanzen,
> jedoch fordern die Tölpel sie nicht auf.)

HAHNWEILER – HAHNWILLER

Hahnweiler, Leitzweiler, Rohrbach und Rückweiler werden 'die Haed' (die Heide) genannt. Auf diesem Gebiet wächst viel Heidekraut.

HAUENSTEIN – HÄÄSCHDE

In der Hauensteiner Mundart wird 'au' wie 'ää' gesprochen.

HEIMBACH – HAEMBACH

Bääsebinner (Besenbinder)

Die Männer verdienten sich im Winter ihr Brot, indem sie in den umliegenden Wäldern die 'Berge' (Birken) zusammensuchten und daraus Besen banden. Die fertigen Besen wurden erst noch schön verziert, dann zogen die Heimbacher Besenbinder über Land und boten ihre Ware zum Verkauf an. In manchen Häusern der Umgegend sind heute noch solche handgefertigten Besen zu finden.

Von den Heimbachern heißt es:

Es gebbd Gurre, Raulije unn Haembacher.
(Es gibt Gute, Schlechte und Heimbacher.)

Hinter vorgehaltener Hand erzählt man sich, man müsse als Durchreisender in Heimbach achtgeben, daß man nicht bestohlen wird.

HEINZENHAUSEN – HEINSEHAUSE

Die lange Unnerhosse (Die langen Unterhosen)
auch:
Die Waggepäns (Die Wackersteinwänste)

HERSCHBERG – HERSCHBERSCH

Gweddschekuuche (Zwetschenkuchen)
auch:
Gweddschekuuche med Reeme (Zwetschenkuchen mit Riemen)

In Herschberg war es Brauch, den Zwetschenkuchen mit schmalen Teigstreifchen zu garnieren.

HOCHWALD – HOHWALD

Hohwäller Gnubbeschballer (Hochwälder Knorrenspalter)

'Gnubbe' sind harte Holzwurzeln. Der armen Hochwälder Bevölkerung wurden in den gerodeten Wäldern die Baumwurzeln als Brennholz zugewiesen.
auch:
Haardfiesler (Hartfüßler)

Das war ein anderer Name für die Hochwälder, die Arbeit in den Gruben oder Fabriken der Industrieregionen fanden. Denn sie trugen außerordentlich derbes, schweres Schuhwerk an den Füßen.

Darüber erzählt ein Neunkircher:

Wer jemals in Neunkirchen oder einem andern Industrieort damals, als noch keine Busse fuhren, erlebt hat, wie
bei Schichtwechsel die Scharen der Arbeiter aus dem
Bahnhof kamen und mit ihren genagelten Schuhen
durch die Straßen gingen, der wundert sich nicht mehr
über den Namen 'Haardfiesler' (Hartfüßler).
auch:
Wämsch (Fresser)
auch:
**Hohwäller Ruggsaggsaarlänner (Hochwälder Ruck-
sacksaarländer).**

So wurden sie von den Köllerbacher Arbeitskameraden
genannt, und ein Hörer erzählt:
Die Hohwäller hadde de Jubbe digg voll mid Schmeere
unn Kaffeeblesch unn noch e Ruggsagg umm Buggel –
dòò hannse hie gesaad: 'Mensch, was sinn das dòò
Wämsch! was misse die wamsche'. Die sinn jò deäärschd
als Pendler kumm, unn se waare bekannd, weil se geid-
sisch waare. (Die Hochwälder hatten die Joppen vollge-
stopft mit Stullen und Kaffeebehältern und noch einen
Rucksack auf dem Rücken. Da sagte man hier: 'Mensch,
was sind das Fresser! was müssen die fressen.' Sie sind ja
anfangs als Pendler gekommen, und sie waren bekannt,
weil sie so geizig waren.)

HOPPSTÄDTEN – HOBBSCHDÄDDE –
JURREHOBBSCHDÄDDE (Jurre = Juden)

Waggepäns (Wackersteinwänste) *auch:*

Gooleme (Golem)

Ein Golem ist nach der jüdischen Sage ein künstlich aus Lehm oder Ton erschaffenes menschliches Wesen, das über große Kräfte verfügt und den Juden oft als Retter in Zeiten der Verfolgung erscheint. – In Hoppstädten gab es eine Synagoge; dort lebten viele Juden.

IDAR – E.IRER
(Idar-Oberstein)

Es gibt mehrere Stadtteile, die jeweils ihre eigenen Necknamen haben. Zunächst einmal Idar:

E.irerder Käässchmierlabbe (Idarer Quarklappen)

Ferner Algenroth:

Aalscherder Rambe (Algenrother Raben)

Für Tiefenstein wurde uns leider kein Neckname genannt.

KÄSHOFEN – KÄÄSHOOWE

Kääshoower Bruschdlabbe (Käshofer Brustlappen)

Der 'Bruschdlabbe' ist ein Kleidungsstück, das anderswo 'Bruschdduuch' (Brusttuch) genannt wurde. Daß die Käshofer es als 'Bruschdlabbe' bezeichneten, klang in den Ohren der Nachbarn wohl so ungewöhnlich, daß es als Neckname herhalten mußte.

Kääshoower Fies unn Barrisser Schiggelscher
(Käshofer Füße und Pariser Schühchen)

In Käshofen gab es viele Bauern, und die hatten – nach
Meinung anderer Leute – sehr plumpe Füße.

KIRF – KIRF

De Kirfer Binnesen (Die Kirfer Kälber)

KLEINBUNDENBACH – GLEEB<u>U</u>NDEBACH

**Gleebundebacher Wiggewagge (Kleinbundenbacher
Wickewacken)**

>Gleebundebacher Wiggewagge
>med de grumme Aarschbagge,
>med de grumme Sohle,
>de Deiwel soll se hoole.
>(Kleinbundenbacher Wickewacken
>mit den krummen Arschbacken
>mit den krummen Sohlen,
>der Teufel soll sie holen.)

Ein anderer Neckvers lautet:

>S Greedel vun Bundebach hadd soo vill Fleh,
>wann se se fange will, hubbse se in die Heh. (Ewig)
>(Das Gretel von Bundenbach hat so viel Flöhe,
>wenn sie sie fangen will, hupsen sie in die Höhe.)

KÖRBORN – KÄRWERE

Sandhaase (Sandhasen)

Es gibt viele Sandgruben in jener Gegend.

KÜBELBERG – KIWWELBERSCH

Die glierisch Bladd (Die glutheiße Platte)

So wurde der Ort von dem benachbarten Brücken genannt, weil dort angeblich sehr viel hitzköpfige Menschen wohnten, denen das Messer locker saß, wenn die
Burschen aus andern Gemeinden nach ihren Mädchen
schauten.

KUSEL – KUUSEL

Die Beenseescher (Die Beinpinkeler)
auch:
Die Huudmacher (Die Hutmacher)

Kusel war ein textilverarbeitendes Städtchen; besonders
bekannt waren die Kuseler Hutmacher und Kappen-
macher. Noch heute findet man dort eine Tuchmacher-
gasse. Alljährlich wird das Hutmacherfest gefeiert.

Früher gab es viele Anekdoten, die teils die Abgeschie-
denheit des Städtchens fern aller Handelstraßen, teils die
Einfältigkeit seiner Bewohner verspotteten. Letztere
drückte sich aus in der oft zitierten Redewendung: Eisch
sein vun Kuusel (Ich bin von Kusel).

Dazu die folgende Anekdote:
Als Gott der Herr auf einem seiner Rundgänge war, kam er auch ins Pfälzer Land. Da sah er einen Menschen am Wegrand sitzen, der herzzerreißend schluchzte. Mitleidig beugte sich der liebe Gott zu ihm hinunter und fragte nach der Ursache seines großen Kummmers, denn er gedachte, ihm zu helfen. „Eisch sein vun Kuusel!" schluchzte der Unglückliche. Da setzte sich Gott der Herr neben ihn und – weinte ebenfalls.

Heinrich Kraus hat der Stadt Kusel einen Limerick gewidmet:

E Spitzklicker aus de Stadt Kusel
liebt s'Emma, es Luwwis, es Susel.
Von zwei krieht er Zwilling,
vom dritte gar Drilling.
Jetzt liebt er sonscht nix mehr wie Fusel.

(Ein Klugscheißer aus der Stadt Kusel
liebt die Emma, die Luise, die Susel.
Von zweien kriegt er Zwillinge,
von der Dritten gar Drillinge.
Jetzt liebt er nur noch den Fusel.)

LANDSTUHL – LANDSCHDUHL

Die Bruuchkieh (Die Bruchkühe)
auch:
Die Seddissi (c'est ici)

Der Neckname soll zurückgehen auf den französischen

Satz: c'est ici = hier ist es. Ihm liegen verschiedene Anekdoten zugrunde. Sie finden sich in dem Pfälzer Necknamenbuch von Helmut Seebach.

Heinrich Kraus hat sich seinen eigenen Vers darauf gemacht:

> Beriehmt for Bluff un Protzerej,
> de Kaiser awer rejt vorbej.
> Do han se laut geplärrt... un wie!
> „Monsieur, guck! Landstuhl, c'est ici!"
> (Berühmt für Bluff und Protzerei,
> der Kaiser aber reitet vorbei.
> Da haben sie laut geplärrt ... und wie!
> 'Monsieur, guck! Landstuhl, c'est ici!')

LANGENBACH – LANGEBACH

**Langebacher Rieweschwäns (Langenbacher Rüben-
schwänze)**

Es wurden dort viel Rüben angebaut.

> Langebacher Rieweschwäns,
> Langebacher Waffelpäns.
> (Langenbacher Rübenschwänze,
> Langenbacher Waffelwänste.)

> Langebach im Loch
> fresse die Raawe noch.
> (Langenbach im Loch
> fressen die Raben noch.)

LAUTERECKEN – LAUDEREGGE

Bohneschdange (Bohnenstangen)
auch:
Dibbelschisser (Tüpfelscheißer)

Ein 'Dibbelschisser' ist jemand, der sehr pedantisch ist.

LEITZWEILER – LAEDSWILLER

Siehe HAHNWEILER

MACKENBACH – MAGGEBACH

MAUSCHBACH – MAUSCHBACH

Mauschbacher Kälwer (Mauschbacher Kälber)

Angeblich liefen einst die Mauschbacher mit dem Rucksack in die Klimsbacher Klamm, um das von einer trächtigen Kuh erwartete Kalb zu suchen, von dem sie glaubten, es sei geflohen, während es die Kuh noch bei sich trug. (Ewig)

METTWEILER – MEDDWILLER

Schdambespäns (Kartoffelbreiwänste)

MIESAU – M<u>IE</u>SE

Sandhaase (Sandhasen)
auch:
Salstubber (Salztupfer)

In Miesau aß man gern Pellkartoffel, die man in Salz tupfte.

Natürlich gibt der Ortsname als solcher schon Anlaß zu Spott – auch Heinrich Kraus, der seit vielen Jahren in Miesau lebt, konnte der Versuchung nicht widerstehen. Hier sein Vierzeiler auf Miesau:

> E langi Strooß un die isch krumm,
> De Glan macht gar e Boh drumrum,
> Wie schrejbt ma bloß der Ort genau?
> Ei vorne mies un hinne Sau.

> (Eine lange Straße, und die ist krumm,
> Der Glan macht gar einen Bogen drum herum,
> Wie schreibt man bloß den Ort genau?
> Nun, vorne mies und hinten Sau.)

MÜHLBACH – M<u>IE</u>HLBACH

Die Waffele (Die Waffeln)

Es gibt in Mühlbach einen Waffelbrunnen, in dem der Necknamen festgehalten ist. Außerdem wird dort die Waffelkerb (Waffelkirmes) gefeiert.

NEUBRÜCKE – NEIBRIGG

Hier soll in grauer Vorzeit eine Burg gestanden haben, in der Raubritter lebten. Sie müssen schon besonders arm gewesen sein, denn des Nachts pflegten sie mit einem Handkarren ins Tal zu ziehen, um nach Eßbarem Ausschau zu halten. Bergab quietschte der Karren 'Rieweglauer, Rieweglauer' (Rübendiebe, Rübendiebe). Auf dem Rückweg bergauf jedoch, wenn der Karren leergeblieben war, quietschte er: 'Mer hann kä Riewe gridd, mer hann kä Riewe gridd.' (Wir haben keine Rüben bekommen, wir haben keine Rüben bekommen.)

OBERSTEIN – UWWERSCHDAEN

**Uwwerschdaener Wasserwegg
(Obersteiner Wassersemmeln)**
auch:
**Uwwerschdaener Gliggerschisser
(Obersteiner Klickerscheißer)**
auch:
Uwwerschdaener Soodkäfde (Obersteiner Sodkerben)

Der Neckname geht zurück auf die Schmuckindustrie, für die Oberstein berühmt ist.
Ein Hörer erklärte uns: Wenn das Metall in der Sode – einer Mischung aus Wasser und Salpetersäure – geputzt wurde, dann entstand ein gelber Dampf. Diese Arbeit wurde an dem Bach vorgenommen; das 'Schorschdegold' (Schornsteingold) wurde in das Reinigungsbad getaucht und danach in dem Bach abgewaschen. (Von Umweltschutz war damals noch keine Rede.)

OHMBACH – OHMBACH

Ohmbacher Raddse (Ohmbacher Ratzen)

Ohmbacher Raddse
reire uff de Schbaddse,
reire uff de Dohle,
de Deiwel soll se hoole.

(Ohmbacher Ratzen
reiten auf den Spatzen,
reiten auf den Abflußrohren,
der Teufel soll sie holen.)

PELLINGEN – PELLINGEN
MEINEIDSDORF

Der Name 'Meineidsdorf' soll auf eine wahre Begebenheit zurückgehen: Ein Lehrer aus Pellingen war eines Ver-
gehens wegen angeklagt. Weil er aber bei der Bevölkerung
sehr beliebt war, bezeugte das ganze Dorf eidesstattlich
seine Unschuld – er wurde daraufhin freigesprochen.

PETERSBERG – PEEDERSCHBERSCH

Die Russe (Die Russen)

Sie sollen sich bei kaltem Wetter gekleidet haben wie
Russen – mit Pelzjacken und Russenmützen.

PFALZEL – P<u>A</u>LSEL

Palser Viedsòòrsch (Pfalzer Viezarsch)

In Pfalzel und Umgebung wird kein Wein gekeltert, sondern Viez. Das ist Apfelwein, und in den Augen der 'richtigen' Weinbauern ist das etwas Minderwertiges.

PFÄLZER – P<u>Ä</u>LSER

Pälser Grischer (Pfälzer Schreihälse)

Den Pfälzern wird nachgesagt, daß sie besonders laute Stimmen haben.
auch:
Pälser Hubbser (Pfälzer Hüpfer)

Vielleicht geht der Name darauf zurück, daß die Pfälzer als lebhaft und lebensfroh gelten. Dazu ein Gedicht 'Der Pälzer Krischer' von Emil Haas aus der Zeit, da die Pfalz noch zu Bayern gehörte. Der Anfang lautet:

Mer Pälzer sinn vum Bayreland
Getrennt dorch Berg und Fliß',
Deß isch for unser Bruderband
Jedoch kä Hinnernis.
Die driwwe sagen freilich zwor,
Mer Pälzer wären Krischer;
Meintwäge, 's isch vielleicht aach wohr,
Daß unser Stimm klingt frischer.
Dann, wer mit Wei sei Gorgel schmeert

Un Handkees ißt un Worscht,
Redd annerscht, als wer Kneedel zehrt
Un stillt mit Bier de Dorscht.
De Wei macht warem, Hitz im Kobb,
Do kreischt mer halt, wärrd laut;
Dr Kneedelfraß macht awwer grobb,
Weil der sich schwer verdaut.
Aach Pälzer Hubser nennt mr uns;
Ja na, mr sinn halt flink,
'me Bierbauch, gschwolle wie e Bluns,
Ja, demm vergehn die Spring.

(Wir Pfälzer sind vom Bayernland
Getrennt durch Berg und Flüsse,
Das ist für unser Bruderband
Jedoch kein Hindernis.
Die sagen drüben freilich zwar,
Wir Pfälzer wären Schreihälse;
Meinetwegen, es ist vielleicht auch wahr,
Daß unsere Stimme frischer klingt.
Denn wer mit Wein seine Gurgel salbt
Und Handkäse ißt und Wurst,
Redet anders, als der, der Knödel verzehrt
Und mit Bier seinen Durst stillt.
Der Wein macht warm, Hitze im Kopf,
Da schreit man halt, wird laut;
Der Knödelfraß macht aber grob,
Weil der sich schwer verdaut.
Auch Pfälzer Hüpfer nennt man uns;
Na ja, wir sind halt flink.
Einem Bierbauch, geschwollen wie eine Blunzen,
Ja, dem vergehen die Sprünge.)

'Uff die Bääm, die Pälser kumme.' (Auf die Bäume, die Pfälzer kommen.)

So lautete der Spruch der Saarländer in der Zeit nach der Volksabstimmung 1935, als viele Pfälzer ins damalige Saargebiet kamen und dort wichtige Posten bekleideten. Bis auf den heutigen Tag herrscht eine freundliche 'Feindschaft' zwischen Pfälzern und Saarländern, das bezeugen die vielen Witze, die von Mund zu Mund gehen.

PFEFFELBACH – PEFFELBACH

Waggepigger (Wackersteinpicker)

In Pfeffelbach gibt es viele Steinbrüche und entsprechend viel Steinbrucharbeiter.

PIRMASENS – BÄRMESENS

**Bärmesenser Schlabbefligger
(Pirmasenser Pantoffelflicker)**

Im letzten Jahrhundert hat sich Pirmasens zu einer bedeutenden Schuhmetropole entwickelt. In den umliegenden ländlichen Orten bis weit ins Glantal hinein ist noch heute ein Spottvers im Umlauf:

Die Schuh sinn nuur dsem Verkaafe
Unn nidd fier drin erum se laafe.
Häddschde se nedd aangedaan,
Dann kennschde hunnerd Johr draan hann.

(Die Schuhe sind zum Verkaufen
Und nicht um drin herumzulaufen.
Hättest du sie nicht angezogen,
Dann könntest du hundert Jahre dran haben.)

Diesen Spruch legt man den Pirmasenser Schuhverkäufern in den Mund.

Ein böser Spruch lautet:

Oh häddschde nuur die Peschdelens,
duu Saumensch duu vun Bärmesens!

(Oh hättest du nur die Pestilenz,
du Saumensch du von Pirmasens!)

(Als 'Saumensch' bezeichnet man nur eine weibliche Person.)

Wie der Name 'Bärmesens' zustande kam, erzählt folgende Anekdote: E Bauer hadd gemähd an soo me Hang, an soo me Resch, unn bläddslisch iss e Bäär kumm unn hadd em die Sens gehool, unn de Bäär iss abgehau, unn de Bauer hadd em nòògeruuf: 'Bäär, ma Sens!' (Ein Bauer hat an einem Hang gemäht, und da ist plötzlich ein Bär gekommen und hat ihm die Sense weggenommen, und der Bär ist fortgerannt, und der Bauer hat ihm nachgerufen: 'Bär, meine Sense!')

QUIRNBACH – GWÄRMBACH

RAMMELSBACH – R̲AMMELSCHBACH

Worschddsibbele (Wurstzipfel)
auch:
Worschdbännele (Wurstbändel)
auch:
Abbelschmeer (Apfelkompott)
auch:
Waggepigger (Wackersteinhauer)

In Rammelsbach gibt es große Hartsteinbrüche, in denen viele Generationen von Arbeitern aus den umliegenden Ortschaften ihr kärgliches Brot verdienten. Darum war im Sommer ein billiger Brotaufstrich die 'Abbelschmeer' (Apfelkompott). Die harte Arbeit und das kärgliche Brot hat in dem Mundartdichter Heinrich Kraus phantastische Vorstellungen geweckt. Von ihm ist der Vers:

> Um Rammelsbach erum gibt's Wacke,
> viel meh wie mir im Läwe packe.
> Zeh Stunn in kochisch Schmalz getaut,
> noht kaut ma die mit Sauerkraut.
> (Um Rammelsbach herum gibt's Wackersteine,
> viel mehr, als wir im Leben packen.
> Zehn Stunden in kochendem Schmalz aufgetaut,
> dann kaut man sie mit Sauerkraut.)

REICHWEILER – R̲E̲ISCHWILLER

Bärschgneewel (Bergflegel?)
auch:
Vòòrbärsch-Tirrooler (Vorberg-Tiroler)

RIEDELBERG – RIEDELBERSCH

Endereider (Entenreiter)

ROHRBACH – RÒHRBACH

Siehe HAHNWEILER

ROSENKOPF – ROOSEKOBB

Roosekobber Bohneschdange
(Rosenkopfer Bohnenstangen)
auch:
Wiggewagge (Wickewacken)

RÜCKWEILER – RIGGWILLER

Siehe HAHNWEILER

RUTWEILER – RUUWILLER

Die Schdrumbbännele (Die Strumpfbändel)

RUTSWEILER – RUUDSWILLER

Hinggele (Hühner)

SANKT JULIAN – DILJE

Kieschelscher (Küchelchen)

SCHMITSHAUSER HÖHE – SCHMIDDHAUSER HEEH

Dort weht nicht der Wind, sondern der Wend. Daher der Merksatz: De Schmeddhauser Wend hadd e Kend umgerennd. (Der Schmithauser Wind hat ein Kind umgerannt).

SICKINGER HÖHE – SIGGINGER HEEH

Manscheddebauere (Manschettenbauern)
auch:
Hehbriddsche (?)

STAMBACH – SCHDAMMBACH

Blooe Heschde (Blaue Hechte)

In Stambach früher gab es die Wirtschaft 'Zum blauen Hecht', deren Wirt 'Järfilb' (Georg-Phillipp) zugleich auch Jagdpächter war. Daher rührt der folgende Vers:

Die Figgsjer die sinn rood,
Die Raawe die sinn schwaards,
Dsem Järfilb gehn mer gääre,
Do grien mer Brood unn Schnabbs.

(Die Füchslein die sind rot,
Die Raben die sind schwarz,
Zum Jörphilp gehn wir gern,
Da kriegen wir Brot und Schnaps.)

TABEN – TÒÒWEN

Tòòwener Schläärk (Tabener Schnecke)

THALLICHTENBERG – DAAL

Die Messere (Die Messer)
auch:
Die Dääler (Die Talbewohner)

Über dem Ort erhebt sich der Berg mit der malerischen Ruine der Burg Lichtenberg.

Böse Zungen nenne Thallichtenberg das 'Dorf der Diebe, Liebe und Hiebe'. Dort, so behaupten diese bösen Zungen weiter, soll es relativ viel uneheliche Kinder und geschiedene Ehen gegeben haben. Die Maxime der Bewohner sei gewesen: 'Wammer sisch aenisch iss, gehd alles.' (Wenn man sich einig ist, geht alles.) Außerdem kursierte hier, wie auch in vielen andern Orten der Gegend, der Spruch: 'Wann mei Bruuder kä Schooges wäär, hädde mer mid ääner Fraa genuuch.' (Wenn mein Bruder vernünftig wäre, hätten wir mit einer Frau genug.)

THEISBERGSTEGEN – SCHDÄÄE

Die Hahne (Die Hähne)

In der Dorfmitte, genannt 'de Riese', pflegten sich die Rentner zusammen zu finden. Wenn sie sich 'die Sägg so rischdisch vollgemachd hann' (Lügengeschichten erzählt hatten), gingen sie zufrieden nach Hause.

ULMET – OLMEDD

VININNGEN – VINNINGE

Heggebägg (Zecken)

VOGELBACH – VOCHELBACH

Grumbeerrahmsubb (Kartoffelrahmsuppe)

Möglicherweise war das eine Spezialität des Ortes.

WAHNWEGEN – WÒHWÄÄE

Die Bewohner von Wahnwegen, Schellweiler und Hüffler werden die 'Saubeeredääler' genannt, also die aus dem Saubeerental.

Den Einheimischen erkennt man daran, daß er in 'e Wòh-wòòe in Wòhwääe' (ein Wohnwagen in Wahnwegen) die ò-Laute alle gleich ausspricht.

WALDMOHR – WALDMOHR

Schdehgraache (Stehkragen)

Die Waldmohrer galten als eingebildet. Wohl deshalb, weil es dort Behörden gab, wo Beamten (in Stehkragen) arbeiteten. Denen wollten es dann natürlich die 'besseren' Familien im Ort gleichtun.

WATTENHEIM – WADDENEM

Buddermillichschisser (Buttermilchscheißer)

In alten Zeiten scheint es sich dabei um einen Volkssport gehandelt zu haben – jedenfalls ist heute noch als Bedingung bekannt: 'Uff siwwe Meeder in e Flasch' (Auf sieben Meter in eine Flasche). (Ewig)

WATTWEILER – WADDWILLER

Käässchbaddse (Käsespatzen)

Die Wattweiler Frauen pflegten früher vorzüglichen Handkäse zuzubereiten, so 'gurre dorschene' (gute, die durch und durch weich sind). Wenn dieser Handkäse am Fenster zum Trocknen auf ein Brett gelegt wurde, dann kamen die Spatzen und pickten sich daran satt. – Böse Zungen behaupteten, daß 'schlimme Weiwer' den besten Käse zubereiten könnten.

WEIERSBACH – WEIERSCHBACH

Schbinnefresser (Spinnenfresser)

WELCHWEILER – WELCHWILLER

Barrisser Schiggelscher unn Welschwiller Fies (Pariser Schühchen und Welchweiler Füße)

Die Welchweiler sollen besonders derbe Menschen gewesen sein.

WOLFSTEIN – WOLSCHDE

Die Boggschdaller (Die Bockstaller)

Das Städtchen Wolfstein hat den Uznamen 'Boggschdall' (Bockstall).

ZWEIBRÜCKEN – DSWEEBRIGGE

Schneggeschnorum

Dieser Neckname – eine Verballhornung des hebräischen Wortes für 'zwei Brücken' – ist aus dem heutigen Sprachgebrauch verschwunden.
auch:
Herdsoochsnarre (Herzogsnarren)

Bis heute ist Zweibrücken der Neckname 'Herdsoochsnarre' geblieben, der sich aus der Geschichte der Stadt erklärt. Die Zweibrücker hatten einen Herzog als Landesvater und glaubten daher, daß auch ein Schimmer des höfischen Glanzes an jedem einzelnen Landeskind sichtbar sein müsse – so wenigstens behaupteten die bösen Zungen der Nachbarn. Nachdem Pirmasens sich zur wohlhabenden Schuhmetropole entwickelt hatte, triumphierten die 'Schlabbefligger' über die armen Herzogsnarren, die sich angeblich 'de Grumbeersallaad in der Tuud orrer im Reenscherm mednemme' (den Kartoffelsalat in der Tüte oder im Regenschirm mitnehmen), weil sie kein Geld für einen Gasthausbesuch hatten, wenn sie geschäftlich in anderen Städten zu tun hatten.

Heinrich Kraus, gebürtiger St. Ingberter, hat die Zweibrücker zur Zielscheibe seines freundlichen Spottes gemacht in dem Vers:

Mir Zwääbricker sin garkän Ridder,
bloß brave Lejtcher mi'me Sparre.
Mir han än Bitt: Mir wäre widder
so arisch gäre Herzoochsnarre!

(Wir Zweibrücker sind gar keine Ritter,
nur brave Leutchen mit einem Sparren.
Wir haben eine Bitte: Wir wären wieder
gar zu gerne Herzogsnarren!)

Lothringen

Lupershuser Narre
Hucke all im Karre;
Wenn de Karre schnappt,
Fälle se im Deiwel sin Kapp.
Loupershouse

LOTHRINGISCHE NECKNAMEN
zusammengestellt von Dr. Anna Peetz

Die lothringischen Necknamen sind von Paul Rohr in einem 1970 erschienenen gewichtigen Band mit 836 Seiten unter dem Titel: 'Blasons Populaires et autres Survivances du Passé' und dem Untertitel: 'Curiosités Folkloriques du Pays Messin et de la Région Lorraine' in vorbildlicher Weise gesammelt worden. Das Buch ist eine wahre Fundgrube. Bei meinen Fahrten durch Lothringen konnte ich zwar noch einiges erfahren, was nicht von Rohr aufgezeichnet ist; aber immer wieder zeigten mir Leute in den Ortschaften Ausschnitte mit Necknamen, die sie im Laufe der Jahre aus Zeitungen und Zeitschriften gesammelt hatten und die auf Rohr verwiesen. Die Sammlung von Rohr scheint dazu beigetragen zu haben, daß vieles von vergessenem oder fast vergessenem Wissen um Althergebrachtes wiederauflebt und für die Nachwelt erhalten bleibt.

Im Folgenden bringe ich in alphabetischer Anordnung außer den selbst gesammelten Namen und Sprüchen die interessantesten Verse aus dem Buch von Rohr. Die wörtlichen Zitate stehen zwischen einfachen Anführungsstrichen, z. B. 'Rohr'.

Die Schreibung der Necknamen und der zitierten Mundartverse ist nicht einheitlich. Sprachliche Besonderheiten der einzelnen Orte kommen dennoch zum Ausdruck.

Wo die Mundart nicht oder nicht stark von der deutschen Standardsprache abweicht, wurde meist das gewohnte Schriftbild beibehalten.

Der regionale Uzname für die Lothringer ist Waggese. Wagges bedeutet Steinbrocken oder Pflasterstein.

ACHEN – A̲CHEN

Achener Mitschel (Achener Äpfel im Schlafrock)

Mitschel war der Uzname für eine kleine, dicke Person.
auch:
Achener Bärwele (Achener Barbaras)

Der Name Barbara soll im Ort sehr beliebt gewesen sein.
auch:
Achener Blotserde (Achener Triefaugen)

ALZING – A̲LSING – O̲LSCHENG

Olschenger Hexemääschdern (Alzinger Hexen-meister)

Alzing gilt in der Umgebung als Wiege der Hexer und Hexen. Weitere „Hexenmeisterdörfer" sind Adelange, Ebersviller und Mainvillers.
auch:
Olschenger Schbillmännscher (Alzinger Spiel-männchen)

Etwa seit 1850 gab es dort eine Gruppe von Spielleuten, die in der ganzen Umgebung zu Festen aufspielten.
auch:
Olschenger Kriebanksläscher (Alzinger Pranger-löcher)

Unter einer „Kriebank" verstand man früher:
1. eine „Krüge-Bank". Das war eine Art Küchenschrank

bestehend aus einem truhenähnlichen Unterteil und einem regalartigen Oberteil. Der Ausdruck „de Kriebank schiddele" (die Krügebank schütteln) erinnert noch an diesen alten Schrank. Wenn der Mann zeigen wollte, wer der Herr im Haus war, dann rüttelte er an der Krügebank, bis das Geschirr herausfiel und zersprang.

2. eine „Kriminal-Bank". Das war ein bankförmiger Pranger mit Löchern für Beine, Hände oder Kopf. Der Verurteilte wurde meist in gekrümmter, besonders schmerzhafter Haltung über der Oberseite der „Bank" mit den Händen an die Füße gefesselt. Folgende Redewendungen sind noch bekannt: 'Er kommt noch ins Kriebanksloch' (Er kommt noch an den Pranger). 'Aem op de Kriebank klammern' (Einen an den Pranger fesseln).

ALTRIPPE – ALTRIPP

Altripper Dickkepp (Altripper Dickköpfe)
auch:
Altripper Hexen (Altripper Hexen)
auch:
Altripper Knärreten (Altripper Knarrer)

> 'Altripper Platt,
> Maxschter Stadt,
> Bidinger Wickewacke
> Hat der Teiwel all em Sack.' (Rohr S. 322)

> (Altripper Plattsprecher
> Maxstadter
> Bidinger Prahler
> Hat der Teufel alle im Sack)

ANZELING – ANSELING

Anselinger Bachferkel (Anzelinger Bachferkel)

Anzelinger sollen tote Ferkel in Säcke gepackt und sie nachts in den Bach geworfen haben, statt sie zu vergraben. Bei Epidemien hätten sich stinkende Massen an den Mühlwehren gestaut.

BECKERHOLTZ – BELSCHERHOLS

De Belscherholser Kuckucken (Die Beckerholtzer Kukkucke)

1609 wurde im Wald von Filstroff auf einer Rodung das neue Dorf gegründet. Die französisch sprechenden Neusiedler kamen aus der Gegend von Bar-le-Duc. Die über die Nachbarn wenig erfreuten Einheimischen verglichen die Bewohner des neuen Dorfes mit Kuckucken, die bekanntlich ihre Eier in fremde Nester legen und andere für die Aufzucht ihrer Jungen sorgen lassen.

BIBICHE – BIBBISCH

Bibbischer Hochmut (Bibicher Hochmut)

Im Jahre 1624 wurde der Ort St. François (Franz) nach der Rodung eines großen Waldgebiets in der Nähe des alten Dorfes Bibiche gegründet. Die Neusiedler hatten lange gegen Armut und Not anzukämpfen. Die Einwohner von Bibiche schauten damals wohl voller Hochmut auf die Nachbarn hinab.

BIDING – BÜDINGE

Biidinger Mockevejel (Büdinger Krötenvögel)

Krötenvögel wird verächtlich gebraucht für Froschfänger.

BITCHE – BITSCH

Die Rampartretscher (Die Wallrutscher)

Dieser Name weist auf die Festungsmauern hin.
auch:
Die Bitscher Supp (Die Bitscher Suppe)

Ein Bitscher Graf soll seinem Koch befohlen haben, zu jeder Tageszeit eine sehr große Menge an Suppe bereitzuhalten. Im Mittelalter war die Suppe eine Art Eintopf aus Fleisch oder Fisch mit Erbsen, Bohnen, Linsen, Kohl, Möhren u.s.w. Heute versteht man unter Bitscher Supp nicht eine bestimmte Suppe, sondern eine so große Menge, daß man zu ihrem Verzehr viel Zeit, großen Appetit und einen guten Magen braucht.
auch:
De Blòòsarsch von Bitsch (Der Blasarsch von Bitsch)

In Zweibrücken, Pirmasens und Umgebung ist dieser Ausdruck bekannt. Wenn dort jemand etwas über andere erzählt und er gefragt wird, von wem er das habe und er die Quelle nicht nennen möchte, gibt er zur Antwort: „vom Blòòsarsch von Bitsch".

BLIES-GUERSVILLER – GERSCHWILLER

Gerschwiller Gänsscherer (Blies-Gersweiler Gänse-scherer)

Gänsscherer ist ein Ausdruck der Soldatensprache des dreißigjährigen Krieges und bedeutet niedergeschlagene, depressive Person.

BOUCHEPORN – BUSCHBORN

Buschborner Hämbischekepp (Buschborner Hain-buchenköpfe)

Die Köpfe der Buschborner sollen so dickschädlig sein wie das Holz der Hainbuche hart ist.
auch:
Die Schwinn (Die Schweine)

„Schwein" bedeutet in der Gegend auch Geizhals.

> 'Nickle, Zickle, Geissenbart,
> Hasch mich (nit) uff die Kirb gelad,
> Hasch ma nix zu fressen ginn
> Als ein Bissen Geissenschwart.' (Rohr S. 174)

> (Nickel, Zickel, Geißenbart,
> Du hast mich (nicht) zur Kirmes eingeladen.
> Du hast mir nichts zu essen gegeben
> Als einen Bissen Geißenschwarte.)

BOUSTROFF – BUSSTROFF

Busstrower Krotteschdripper (Die den Kröten die Haut abziehen)

Der Ausdruck steht verächtlich für Froschfänger. Von den abgetrennten Hinterbeinen der Wasserfrösche wurde sofort nach dem Fangen die Haut abgezogen. Die Froschschenkel sehen dann wie „geschdribbd" (nackt) aus. Um dem mageren Fang an Wasserfröschen mehr Gewicht zu geben, sollen manchmal sogar Schenkel von Laubfröschen enthäutet worden sein. Sie werden in der Gegend neben der eigentlichen Kröte „Krotte" auch als „Moke" bezeichnet.

BOUSSEVILLER – BUSSWILLER

Busswiller Sacksaischer (Busswiller Sackpisser)

Junge Männer sollen nachts auf dem Heimweg von der Kirmes gegen Kartoffelsäcke gepißt haben, die an einer Hauswand standen und für den Verkauf in der Stadt bestimmt waren.

BOUZONVILLE – BUUSENDÒRF – BUUSENDROFF

Buusendrower Schdrepplenger (Busendorfer Diebe)

Die Schdrepplenger han so lange Fenger.
(Die Diebe haben so lange Finger.)

Buusendrower Botterfresser (Busendorfer Butterfresser)

Busendorf war und ist der Einkaufsort für die Umgebung. Die Kaufleute konnten sich besseres Essen leisten als viele Leute auf dem Land, die ihre Butter verkaufen mußten, um andere nötige Dinge zu erstehen oder Geld zum Bezahlen der Steuern zu haben.

auch:

Buusendrower Ròòmdepper (Busendorfer Rahmtöpfe)

Buusendroff, du Botterkull,
Steh zereck un hall det Mul!

(Busendorf, du Grube voll Butter,
Steh zurück und halte den Mund!)

BUHL-LORRAINE – BIEL

De Bieler Fräsche (Die Bühler Frösche)

In der Umgebung von Bühl gibt es viele Frösche. Im Frühjahr fangen die Frauen Frösche und verkaufen die Schenkel in Saarburg. Aber auch im Ort selbst werden sie schmackhaft zubereitet. Davon zeugt folgender Vers:

Biel gwää – Schää gwää
Fräsche gäs – Gudd gwää
Buuch gedreggd – Un quagg gemochd.
(In Bühl gewesen – Schön gewesen
Frösche gegessen – Gut gewesen
Auf den Bauch gedrückt – Und quak gemacht.)

CARLING – KARLINGE

Karlinger Quackenhackerte (Karlinger Queckenhakker)

Die Quecke gehört zu den Süßgräsern und verbreitet sich stark durch ihre unterirdischen Ausläufer. So kann sie großen Schaden in Kulturen anrichten. Sie gehört zu den alten Heilpflanzen und galt als gesundes Viehfutter. Im Hochwald haben bis in die fünfziger Jahre unseres Jahrhunderts Landkinder frisch ausgepflügte dicke Queckenausläufer geschält und gegessen. In Notzeiten wurde Stärkemehl aus Queckenwurzeln dem Brotteig zugefügt.

COCHEREN – KOCHERE – KUCHERE

Kucherer Ääscherde (Cocherner Eichhörnchen)
auch:
'Kucherer Besekrämer' (Cocherer Besenkrämer)

Besenginster deutet auf wenig fruchtbaren Boden hin. Die meist aus Ginster gefertigten Besen wurden von armen Händlern in den umliegenden Dörfern verkauft.

> 'In Kuchern ging ich i Gassel uf und ab,
> Kafe mer niemend kä Bese ab? –
> Hätt' nur eich die Grätz verschlän,
> Dass die Kuchere nimmeh met Bese rum geh'n.'
> (In Cochern ging ich im Gäßchen auf und ab.
> Kauft mir niemand einen Besen ab?
> Wenn ihr doch die Krätze bekämt,
> Daß Cocherer nicht mehr mit Besen umherziehen.)

'Se Kuchern em Brimmeland,
Do nemme die Brimme iwerhand;
Der Stock steht hinnerm Hus,
Dort wase lutter Besekrämer herus.' (Rohr S. 329)

(Zu Cochern im Ginsterland
Nimmt der Ginster überhand.
Der Busch steht hinterm Haus;
Dort wachsen lauter Besenkrämer heraus.)

COLMEN – KOLMEN

Kolmer Schläcken (Colmer Schnecken)

Die Nonkirscher (Die Neunkircher) verspotteten die
Colmer mit folgendem Vers:

Kolmer Schläck,
Schlauf en de Häck.
Freß Dräck,
Da gefsch de fätt.
Freß Gront,
Da gefsch de ront.

(Colmer Schnecke,
Schlüpf in die Hecke.
Friß Dreck,
Dann wirst du fett.
Friß Grund,
Dann wirst du rund.)

CONTZ-lès-BAINS – KONS

Konser Kwiseler (Contzer Scheinheilige)
auch:
Konser Daabes (Contzer Trottel)

DENTING – DENTING

Dentinger Rebeller (Dentinger Rebellen)

Die Einwohner aus Denting galten als besonders frei-
heitsliebend und waren Anführer bei Revolten.

DIESEN – DIESEN

Diesener Wasserenten (Diesener Wasserenten)
auch:
Diesener Wasserhenkel (Diesener Wasserhühner)

Obige Namen spielen auf den Diesener Weiher mit seinem Reichtum an Wasservögeln an. Die Diesener gelten
als wohlhabend.

'Hargârter Wind,
Krizwäller Hoffahrt,
Dies'ner Geld
Regiere de ganze Welt.' (Rohr S. 331)

(Hargartener Prahlerei,
Kreutzwalder Hoffahrt,
Diesener Geld
Regieren die ganze Welt.)

ENCHENBERG – ENSCHEBERSCH

Enscheberjer Hawerschbatsen (Enschenberger Haferspatzen)

Nach Rohr geht dieser Name wahrscheinlich auf eine Auseinandersetzung zwischen den katholischen Dorfbewohnern und dem unerwünschten Missionieren eines lutherischen Predigers zurück, der in seinem Reisebeutel verbotene religiöse Bücher mit sich trug und sie den Leuten zu verkaufen suchte. Der Neuerer soll dort vertrieben oder möglicherweise sogar getötet worden sein. Der Hafersack enthielt ursprünglich den Hafervorrat für die Pferde. Im 30jährigen Krieg wurde auch der Sack mit den Habseligkeiten der Soldaten als „Habersack" oder „Hawersack" bezeichnet. (Vgl. Rohr S. 482)

ENTRANGE – ENTRENGEN

Die Schläcken (Die Schnecken)
auch:
Die Kulangsääscher (Die Straßenrinnenpisser)

In früherer Zeit, als nicht einmal bei jedem Haus ein Außenabort war, wurde die Straßenrinne mit ständig fließendem Abwasser aus Häusern und Brunnen von manchen benutzt, um sich zu erleichtern.
Wenig reinliche alte Frauen konnte man noch zu Beginn unseres Jahrhunderts auch in Hochwalddörfern in ihren bodenlangen Röcken mit weitem Schritt eine kleine Weile wie reglos über der Rinne stehen sehen.

ERNESTVILLER – ERNSCHDWILLER

Ernschdwiller Sackohre (Ernstweiler Sackohren)

In dem 1603 von Graf Ernst von Mansfeld gegründeten Ort kamen Siedler aus verschiedenen Gegenden zusammen. Einige Männer und dann auch Frauen sollen zur Zierde einen Zipfel ihres Taschentuchs aus der Tasche, dem Sack, hervorsehen haben lassen.

FARSCHVILLER – FAASCHWILLER

Faaschwiller Trääjit (Farschwiller Trägheit)

'Faschwiller Träjit, Diwlinger Lantsamjit,
Ewringer Brätjit, Thedinger Pracht,
Sin en de ganz Welt veracht.'

(Farschwiller Trägheit, Dieblinger Langsamkeit,
Ebringer Korpulenz, Thedinger Pracht
Sind in der ganzen Welt verachtet.)

'Die Farschwiller Mädchen
haben alle blaue Reck
un blaue Bänder an de Käppchen
un sin doch verschmeert mit luder Dreck.'
(Rohr S. 336)

(Die Farschwiller Mädchen
Haben alle blaue Röcke,
Und blaue Bänder an den Käppchen
Und sind doch verschmiert und voller Dreck.)

FAULQUEMONT – FÒLKEBERSCH

Fòlkeberjer Schdäänesel (Falkenberger dickköpfige Esel)
auch:
Fòlkeberjer Hudler (Falkenberger Pfuscher)

'E Hudler isch ken Schaffer,
Un e Sudler isch ken Fresser.' (Rohr S. 192)

(Ein Pfuscher ist kein Schaffer,
Und ein Kleckerer ist kein Fresser.)

FILSTROFF – FELSCHDROFF

De Felschdrower Huulerten (Die Filstroffer Holer)

In Filstroff werden viele Wörter, die anderswo ein „o" haben, mit „u" gesprochen. Statt „geh hole sie" heißt es dort: „geh hul se".
auch:
Felschdrower Dootschleejer (Filstroffer Totschläger)

Vor der Französischen Revolution wohnten in Filstroff Henker mit ihren Familien. Die frühere Hinrichtungsstätte heißt heute noch Hexenberg, weil dort „Hexen" verbrannt wurden.
auch:
De Felschdrower Kläpperten (Die Filsdroffer Schläger)

Die Filstroffer werden auch „Kläpperten" (Schläger) genannt, weil sie angeblich auf jeder Kirmes Streit suchen.

De Kwätscheflo.usen (Die Zwetschenkuchen)

Anfang September, zur Zeit der Kirmes, sind die Zwet-
schen reif, und die Hausfrauen backen Unmengen von
Zwetschenkuchen, damit alle sich gründlich satt essen
können. Dabei kann manchem der Gürtel zu eng werden.
Spöttische Nachbarn geben dazu folgenden Kommen-
tar:

> Wänn die Felschdrower Kirmes han,
> Misse se sisch e Reif umschlaa lössen.

(Wenn die Filstroffer Kirmes haben,
Müssen sie sich einen Reifen umschlagen lassen)

FIXEM – FEXEM

Fexemer Gecken (Fixemer Narren)

> 'Fixemer Korinthen!
> Ze führen op ihren Inten,
> Ze führen op ihren Schlecken,
> Ze kennen ons alle gu'echten
> Am Arsch lecken!' (Rohr S. 573)

(Fixemer Korinthenkacker!
Sie fahren auf ihren Enten,
Sie fahren auf ihren Schnecken,
Sie können uns alle zusammen
Am Arsch lecken.)

FOLKLING – FÒLGLING

Fòlglinger Labbe (Folklinger Tölpel)
auch:
Fòlglinger Riewefresser (Folklinger Rübenfresser)
auch:
Fòlglinger Messer (Folklinger Messer)

'Was machscht de met em Messer,
Du Folklinger Riwefresser?' (Rohr S. 337)
(Was machst du mit dem Messer,
Du Folklinger Rübenfresser?)

FORBACH – FURBACH

Die Kappelberger (Die Kapellenberger)

Die Bewohner des Kapellenberges hatten in früheren
Zeiten einen sehr schlechten Ruf.
auch:
Furbacher Eggesteher (Forbacher Eckensteher)

Die Forbacher wurden gern als faul verspottet:

'Wer äns von de Furbacher Mädle will han,
Der muß ne de Kaffee ins Bett hin tran;
De Kaffee ins Bett, de Zucker ins Mul;
Dozu sinn awer de mäschte Buwe zu ful.' (Rohr S. 338)
(Wer eins von den Forbacher Mädchen haben will,
Muß ihnen den Kaffee ans Bett tragen;
Den Kaffee ans Bett, den Zucker in den Mund;
Dazu sind aber die meisten Buben zu faul.)

FREMESTROFF – FREMESDROFF

Die Bankerte (Die Bankerte)

'Brumen un Brot
isch Fremestroffer Mod'. (Rohr S. 344)

(Pflaumen und Brot
Ist Mode in Fremestroff.)

Wenn es reife Pflaumen gab, soll den Leuten eine Hand-
voll Früchte und ein Stück Brot als Mittagessen genügt
haben.

FREYMING – FREIMING – FRÄÄMING

Die Wickewacke (Die Aufschneider)

'Freiminger Wickwack
Geh'n de Freiminger Berg hinab:
Fingt de Mus,
Bringt se noh ins Hus,
Dut se in de Pann un Brot,
Mennt Wunner, wat se noch hot.' (Rohr S. 345)

(Freiminger Prahler
Geht den Freiminger Berg hinunter.
Fängt die Maus,
Bringt sie dann ins Haus,
Tut sie in die Pfanne und Brot,
Meint wunders, was sie noch hat.)

GARCHE – GAASCH – GAEAESCH

Die Gaascher Bängel (Die Garscher Bengel)
auch:
Die Gaascher Kihklauen (Die Garscher Kuhklauen)

Rohr gibt als Deutung 1. Viehdiebe (Kuhklauer) oder
2. eine Art frühere bäuerische Sandale mit einem Riemen
zwischen der großen und der zweiten Zehe, die mit den
gespaltenen Hufen von Kühen verglichen wird.

GUERSTLING – GÄRSCHLENG

Gärschlenger Narren (Gerstlinger Narren)

Gärschlenger Narren
Laien ener de Karren
On brellern we.i de Farren.
(Gerstlinger Narren
Liegen unter den Karren
Und brüllen wie die Stiere.)

auch:
Gärschlenger Bräätäärscher (Gerstlinger Breitärsche)

GUERTING – GÄRTING

De Gärtinger Feks (Die Gertinger Füchse)

„Fuchs" kann in der Gegend verschiedene Bedeutungen
haben: Rothaarige; Listige; unkultivierte Waldbewohner
sowie Feiglinge, die bei Gefahr davonlaufen.

GROSTENQUIN – GROOSTÄNSCHEN

Die Finschderschdobber (Die Fensterstopfer)

In alten Bauernhäusern gab es früher nur in der Küche eine Feuerstelle unter einem großen, offenen Rauchfang. Bei Sturm und Regen zog der Rauch schlecht ab und es tropfte in die Glut. Durch eine gußeiserne Ofenplatte an der Rückseite der Feuerstelle wurde die Stube geheizt. Da Fensterrahmen, Türen und Scheunentore meist nicht dicht schlossen, verstopfte man im Spätherbst alle möglichen Ritzen sehr sorgfältig mit Rollen aus Stroh oder Farnkraut. In den Wohnräumen wurden sie in Tücher eingenäht, damit sie nicht staubten. In kalten Wintern blieben nur kleine Luken frei. Scheunentore und Stalltüren erhielten oft eine ganze Vorwand aus Rahmenwerk und Farn oder Stroh. Die in den wärmeren Jahreszeiten offenen Kellerluken wurden mit Mist, Strohballen oder Farnkrautbündeln zugedeckt.

GUEBENHOUSE – GEEWEHUUSE

Die Geewehuuser Glammrudscher (Die Gebenhuser Klammrutscher)

In der bergigen Gegend mit Lehmböden konnte man bei Regen auf schlüpfrigem Boden leicht abrutschen.
auch:
Geewehuuser Schdäänbeck (Gebenhuser Steinböcke)

Als Steinbock wurde eine unfruchtbare Ziege oder ein wertloser Bock bezeichnet, aber auch eine Person, die nichts taugte. Die Bewohner des Ortes galten wohl als arm und aufsässig.

> 'En Gewenhusen ischt nix se schmusen;
> De Stänbeck han sich nit gut geschickt,
> Se han de Finschter mit Sitationen geflickt.'
> (Rohr S. 490)

> (In Gebenhusen gibt es nichts zu schmusen;
> Die Steinböcke haben sich nicht gut geschickt.
> Sie haben die Fenster mit Vorladungen geflickt.)

GUENVILLER – GENWILLER

Genwiller Salatmul (Genwiller Salatamaul)

> 'Genwiler Salatmul
> Frisst alles sûr un ful.' (Rohr S. 346)
> (Genwiller Salatmaul
> Ißt alles, Saures und Faules.)

HAMBACH – HAMBACH

Hambacher Krutschisser (Hambacher Kohlscheißer)

In früheren Zeiten, bevor die Kartoffel in Europa heimisch wurde, war Kohl ein Hauptnahrungsmittel.

HANVILLER-lès-BITCHE – HÄWILLER – HONWILLER

De Häwiller Dibbekääs (Der Hanwiller Topfkäse)

Früher stellten Bauersfrauen nicht nur Quark, sondern auch Käse selbst her. Mehrere Töpfe voll erwärmter Dickmilch ließ man in Tüchern sehr gut abtropfen. Die Masse wurde mit Salz, Pfeffer oder Kümmel bestreut, geformt und in Steinguttöpfe gelegt. Zum Trocknen kamen die kleinen Laibe auf ein Brettergestell in einen dunklen Raum.

Folgendes Wortspiel ist in der Gegend bekannt: Er isch von Hanwiller un nit von Genwiller. (Er ist von Hanweiler und nicht von Genweiler). In den meisten rhein- und moselfränkischen Mundarten Lothringens und des Saarlandes heißt „han" oder „hòn" „haben"; „gen" heißt „geben". Übersetzt hieße der Spruch: Er ist von „Haben-Weiler" und nicht von „Geben-Weiler"; oder: Er ist von „Haben-will-er" und nicht von „Geben-will-er".

'Hawiller isch e scheni Stadt,
Buswiller isch e Bettelsack,
Haschbelschied e Schissküwel,
Liederschiedt deckt d' Deggel driwer.'(Rohr S. 494)

(Hanwiller ist eine schöne Stadt,
Buswiller ist ein Bettelsack,
Haspelschiedt ein Scheißkübel,
Liederschiedt deckt den Deckel drüber.)

Es gibt viele Orte in Lothringen, die vielleicht nur des Reims wegen „eine schöne Stadt" oder „eine große Stadt" genannt werden. „Kübel" sowie „Deckel" könnten auch auf die tiefere oder höhere Lage eines Ortes hinweisen.

HARGARTEN-aux-MINES – HAAGATEN

Die Haagater Ropperten (Die Hargarter Raufer)
auch:
Die Haagater Lauderten (Die Hargarter Läutenden)

Hargarten lag vor Jahrhunderten inmitten eines großen Waldgebietes, das zum westlichen Warndtwald gehörte. Damals gab es in den Wäldern noch Wölfe und viele Wildschweine, Räuberbanden und anderes lichtscheues Gesindel. Im Ort wurde deshalb mehrmals am Abend und in der Nacht die „Verirrtenglocke" oder „Irrglocke" geläutet, damit Wanderer auch bei Dunkelheit den Weg ins Dorf fanden.

Es gibt aber auch noch eine andere Erklärung für den Necknamen: Einst erwarteten die Hargarter den Besuch des Bischofs. Das ganze Dorf war zum festlichen Empfang gerüstet. Der Küster saß hoch oben im Kirchturm, um beim Herannahen des hohen Gastes die Glocken zu läuten. Endlich erschien in der Ferne eine Staubwolke, sicherlich der Erwartete mit seinem Gefolge. Als die Gruppe sich langsam dem Dorf näherte, wurden die Glocken geläutet und die Menschen stellten sich auf zum Spalier. Die Honoratioren eilten seiner Eminenz entgegen. In der Staubwolke aber nahte ein kleiner Trupp von Zigeunern!
auch:
Die Haagater Muurenschwitzer (Die Hargarter Mauerpisser)

„Schwitzen" ist ein beschönigender Ausdruck für urinieren, den auch Bettnässer gerne benutzen.

HEINING-lès-BOUZONVILLE – H<u>EI</u>NENG

De Deppege.ißer (Die Topfgießer)

Umherziehende Zinngießer und Kesselflicker wohnten während des Winters in Hütten meist etwas abseits von bestimmten Dörfern. Von den Einheimischen der Umgebung wurden sie wenig geschätzt.

HETTANGE-GRANDE – GROOSSH<u>Ä</u>TTINGEN – H<u>Ä</u>TTINGEN – H<u>AE</u>TENGEN

Die Hättinger Lumpen (Die Hettinger Lumpen)

Laut Unterlagen aus dem Archiv hat der Ortspfarrer, der von den Bauern seiner Gemeinde aufs schwerste verleumdet worden war, ihnen 1847 zugerufen: 'Allen die bauren seind lumpen' (Rohr S. 579). (Alle Bauern sind Lumpen.)
auch:
Die Hättinger Schdängfresser (Die Hettinger Steinfresser)

Der Name Steinfresser weist auf die vielen Steinbrüche hin, die auch wegen ihrer Fossilienfunde bekannt sind.

> 'Lo komme die Hettinger Gecken,
> Se setzen op de Hecken,
> Se setzen op de Ku.olen;
> Der Daiwel soll se hu.olen!' (Rohr S. 579)

(Da kommen die Hettinger Narren,
Sie sitzen auf den Hecken,
Sie sitzen auf den Kohlen;
Der Teufel soll sie holen!)

In den Hettinger Wäldern gab es früher viele Köhler, die Holzkohle für die Metallindustrie, Salinen und Haushalte herstellten. Die Köhler zogen weiter, wenn kein Holz mehr für die Meiler zur Verfügung stand. Mit ihren geschwärzten Gesichtern wurden sie von den Dörflern als dem Teufel zugehörig angesehen. Nach dem obigen Spruch zu schließen, scheinen einige Köhler aber im Ort geblieben zu sein.

HILSPRICH – HILSBRISCH

Die Hilsbrischer Mollee (Die Hilspricher Stiere)

Mollee können auch Ochsen und gute, kräftige Milchkühe genannt werden. Der Name wurde auf die Dorfbewohner übertragen, denen nachgesagt wird, daß sie wertvolles Vieh besser behandeln als ihre Mitmenschen. Davon zeugt folgender Neckvers:

'Jetz gesch enuss un gibsch em Vieh z'esse,
No kimmscht rin zum Fresse!' (Rohr S. 351)
(Jetzt gehst du hinaus und gibst dem Vieh zu essen,
Danach kommst du herein zum Fressen!)

HOLLING – HOLLING

De Hollinger Kanonen (Die Hollinger Kanonen)

De Hollinger Bum-Bum (Die Hollinger Bum-Bum)

Zur deutschen Zeit soll in Hollingen eine schwere Kanone gestanden haben und von dort abgefeuert worden sein.

HOMBOURG-HAUT – HUMBURSCH – HUMERISCH

Die Humerijer Aischerde (Die Homburger Eichhörnchen)
auch:
Die Humerijer Bachwasser (Die Homburger Bachwasser-Leute)

Aller Unrat des Ortes soll früher in die Rossel geworfen worden sein; daher stamme der Spitzname Bachwasser.

'Humburger Stiewel,
Schmisse ne in dä Kiwel;
Schmisse ne ins Butterfass,
Au! wie rappelt das!'
(Homburger Stiefel,
Werft ihn in den Kübel,
Werft ihn in das Butterfaß,
Au! wie rappelt das!)

'Humerig am goldene Stäre,
Da männt mo,
Man muss des Daïwels wäre;
Do han se mer än dä Kapp neu gesächt,
Do isch se ganz verwächt.' (Rohr S. 352)

(Homburg am goldnen Stern
Da meint man,
Man müßte wütend werden wie ein Teufel;
Da haben sie mir in die Mütze hineingepißt,
Dann ist sie ganz aufgeweicht.)

L'HOPITAL – SCHBIDDEL

Schbiddeler Bääsebinner (Spitteler Besenbinder)

'Spittler Ratzen
Mit de lange Fratzen,
Mit de spitzische Schuh,
Renne all, en Deifel zu.' (Rohr S. 335)
(Spitteler Ratzen
Mit den langen Fratzen,
Mit den spitzen Schuhen,
Rennen alle dem Teufel zu.)

Der Necknamen Besenbinder zeigt, daß auch einige Nichtseßhafte zu den Vorfahren der Spitteler gehörten.

KIRSCH-lès-SIERCK – KIRSCH – KISCH

Die Gardebohnen (Die Gartenbohnen)

'Sinn d' Gardebohnen gut
und and Kische rot,
dann hu mer eïscht half Brot.' (Rohr S. 587)
(Sind die Gartenbohnen gut
und die Kirschen rot,
dann haben wir schon die halbe Mahlzeit.)

KOENIGSMACKER – KEENISCHMACHER – MACHER

Die Macher Betscheln (Die Macher Zicklein)

Das Fleisch der Zicklein war früher in den Dörfern eine willkommene Abwechslung zu den recht eintönigen Mahlzeiten. Der Ausdruck Betschel wird aber auch auf Frauen angewandt und ist kein Kosewort. Er drückt zickiges Verhalten aus. Oft hat Betschel das Beiwort „gekkesch" und bedeutet närrisches Frauenzimmer.

> 'Die Königsmacher Kron,
> Die Kattenhopener Bohn,
> Der Sentzicher Hühnerjuck,
> Voll Le.is und Fleh genug.' (Rohr S. 589)

> (Die Königsmacher Krone,
> Die Kattenhofener Bohne,
> Der Sentzicher Hühnerstall
> Sind voller Läuse und Flöhe.)

LAUNSTROFF – LAUNSTROFF

Die Delpessen (Die Tölpel)

LELLING – LELLINGE

Die Lellinger Rohrhinkele (Die Lellinger Wasserhühner)

Wasserhühner nisten im Schilfrohr. Ob die Lellinger wegen der Jagd auf Wasserhühner oder wegen des recht

plumpen Körpers dieser Vögel ihren Spitznamen erhalten haben, ist nicht mehr auszumachen.

'Ging, gang, gergang,
Metzer Glock isch innergang;
Schwinche hat se rusgewihlt,
Schärenperd se hemgefihrt.' (Rohr S. 359)

(Ging, gang, gergang,
Die Metzer Glocke ist untergegangen.
Ein Schweinchen hat sie herausgewühlt,
Ein Pferd hat sie im Einspänner heimgefahren.)

LEMBERG – LEMBERSCH

Die Nurdjee (die „Nom de Dieu"-Flucher)
auch:
Die Bo.ischlabbe (Die Bauchlappen = Wammen)

Ursprünglich soll es 'Bo.ischlade' (Bauchladen) geheißen
haben. Der Bauchladen war ein vor dem Bauch getrage-
ner und an einem um den Hals gelegten Riemen befestig-
ter Kasten, in dem Hausierer Waren kleinerer Art zum
Kauf anboten. Früher wurden abgelegene Dörfer meist
von sogenannten „Gänglern" mit Kurzwaren aus dem
Bauchladen versorgt. (Vgl. Rohr S. 497)

LIEDERSCHIEDT – LIDERSCHIED

Die Liderschieder Flehsäck (Die Liederschiedter Floh-säcke)

> 'Liederschiedter of de Heh,
> Han de Buckel voll Fleh
> Un grîn alle Dâ meh!' (Rohr S. 499)

> (Liederschiedter auf der Höhe
> Haben den Buckel voll Flöhe
> Und bekommen jeden Tag mehr.)

LONGEVILLE – LUUBELN

Luubeler Grumbiereschnapser (Lubelner Kartoffel-schnapstrinker)

Im Lubeler Sandboden gedeihen Kartoffeln sehr gut. Sie werden auf viele Arten zubereitet und seit Beginn des 19. Jahrhunderts auch zu Schnaps gebrannt.
auch:
Luubeler Grumbierepitscher (Lubelner Kartoffel-furzer)

Eine besondere Art der Zubereitung soll ihnen den Namen Grumbierepitscher eingetragen haben: Geschälte Kartoffeln werden in Scheiben geschnitten und auf die heiße Herdplatte gelegt. Zunächst kleben sie etwas an; sie lösen sich mit einem leisen Puffen, wenn die Hitze sie getrocknet und gebräunt hat. In manchen saarländischen Gegenden heißen sie „Oowegeleede".

Grumbern-Lied
Im Rosselgriess geh'ts luschdig zu,
Was sahst du, Bruder, da dazu?
Grumbern han mer alle Dah,
So vill der Magen halt verdraht.

Am Morgen sinn sie um Disch,
Kurz und lang, grad wie die Fisch,
No schlaht ma mett da Fuscht doruff,
Do springe sie von selber uff.

Grumbern han ma en da Not;
Ma backt dahie jo ah noch Brot;
Se genn jo ah noch Branntewein,
Un Kuchen gitts jo nur zum Schein.
(von Henri ANTOINE, Merlebach; vgl. Rohr S. 211)

(Kartoffellied
Auf dem Sandboden an der Rossel geht es lustig zu,
Was sagst du, Bruder, dazu?
Kartoffeln bekommen wir jeden Tag,
Soviel wie der Magen halt verträgt.

Am Morgen sind sie auf dem Tisch,
Kurz und lang, so wie die Fische.
Und schlägt man mit der Faust darauf,
Dann springen sie von selber auf.

Kartoffeln haben wir in der Not;
Man backt hier ja auch noch Brot;
Man macht daraus auch Branntwein,
Und Kuchen gibt es nur zum Schein.)

LOUPERSHOUSE – LUPERSCHHUUSE

De Luperschhuuser Narre (Die Lupershuser Narren)

'Lupershuser Narre
Hucke all im Karre;
Wenn de Karre schnappt,
Fälle se im Deiwel sin Kapp.' (Rohr S. 500)

(Lupershuser Narren
Hocken alle im Karren;
Wenn der Karren kippt,
Fallen sie in die Mütze des Teufels.)

Etwa dreißig Dörfer im östlichen Lothringen werden mit
diesem jeweils leicht abgewandelten Vers verspottet. Früher lebten Nichtseßhafte im Winter oft etwas abseits von
bestimmten Dörfern und zogen mit ihren Karren vom
Frühling bis Herbst als Spielleute und Gaukler oder als
Hausierer über Land. Sie wurden vielfach als Heiden angesehen und als zukünftige Beute des Teufels betrachtet.
Die Dörfler bezeichneten sie als „Narren" oder „Mohren".

MEISENTHAL – MEISEDAAL

Meisedaaler Mondschdibbler (Meisenthaler Mond-
sticheler)

Papst Gregor XIII ließ den von Julius Caesar eingeführ-
ten und von Kaiser Augustus leicht abgeänderten Juliani-
schen Kalender neu berechnen. Zehn Tage mußten „ein-
gespart" werden. So folgte auf den 4. Oktober 1582 gleich

der 15. Oktober 1582. Dieser berichtigte Kalender wurde in den katholischen Ländern sofort eingeführt. In den protestantischen Ländern wurde er zunächst abgelehnt; erst ab 1700 war er auch für sie verbindlich. Von 1582 bis zur Einführung des Gregorianischen Kalenders in den protestantischen Gebieten gab es zwischen den Menschen der beiden Konfessionen zusätzliche Reibungspunkte wegen des verschiedenen Datums und der Feier der kirchlichen Feste zu unterschiedlichen Zeiten. Weil die katholisch gebliebenen Bewohner von Meisenthal die Monate anders rechneten, machten ihnen die protestantischen Nachbarn den Vorwurf, den Mond nicht in Frieden zu lassen.

MENSKIRCH – MÄNSKIRSCH

Mänskirscher Mo.uken (Menskircher Kröten)

Die Neudorfer ärgerten die Menskircher mit folgendem Spruch:

Mänskirscher Mo.uken
Setzen ener de Häken se bro.uken.
Wänn se määnen, se hätten en Fesch,
Da han se de Naudòrwer am Äärsch gekeßt.

(Menskircher Kröten
Sitzen mißmutig unter den Hecken.
Wenn sie meinen, sie hätten einen Fisch,
Dann haben sie die Neudorfer am Arsch geküßt.)

MERLEBACH – MERLEBACH

Merlebacher Mohren (Merlebacher Narren)
auch:
Merlebacher Liesbick (Merlebacher Lausböcke)

Seit über 200 Jahren werden die Glasbläser von Merlebach Lausböcke genannt. Es gibt einige Sprüche über
Merlebach, in denen viele Flurnamen vorkommen, z.B.:

'Der isch a nit vun Merlebach

1) Wer um Bruchburren noch nit gerätscht hat,
2) wer uff de Millenbach noch nit geblätscht hat,
3) wer em Liesecken noch nit gedätscht hat,
4) wer en da Kesselgass noch nit gegäckst hat,
5) wer en de Kiefern noch nit geschmätzt hat,
6) wer uff da Grätschbach noch nit gegrätscht hat,
7) wer en da Sandkull noch nit gesträtzt hat,
8) wer uff'm Todemann noch nit geflänscht hat,
9) wer sich zu de Liesbick nit gezählt hat,
10) un noch kenn Brimmenspatz geknätscht hat,
11) der isch nit vun Merlebach.' (Rohr S. 362)

(Der ist auch nicht von Merlebach
1) Wer am Bruchborn noch nicht geschwatzt hat,
2) wer am Mühlenbach noch keine Wäsche klopfte,
3) wer im Läusecken noch nicht getätschelt hat,
4) wer in der Kesselgasse noch nicht lauthals lachte,
5) wer bei den Kiefern noch nicht geküßt hat,
6) wer über die Grätschbach noch keinen Schritt
   gemacht hat,

7) wer in der Sandgrube noch nicht gepißt hat,
8) wer am Totenmann noch nicht den Mund verzogen hat,
9) wer sich nicht zu den Läusböcken gezählt hat,
10) und mit der Schleuder noch keinen Ginsterspatz getroffen hat,
11) der ist nicht von Merlebach.)

MERTEN – MEERTEN

Meertener Bääsebinner (Mertener Besenbinder)

Früher verdienten Arme sich oft ein bißchen Geld, indem sie aus Ginster- oder Birkenzweigen Besen banden und diese in den Nachbardörfern zum Verkauf anboten.
auch:
Meertener Hòòrrobber (Mertener Haarausreißer)

In Merten gab es früher einen Galgen. Besenbinder sollen Gehenkten nachts die Haare ausgerissen haben, um daraus Besen zu binden. Stubenbesen wurden aus dem Schwanzhaar von Pferden hergestellt; Menschenhaar galt als zu weich. Vielleicht wurde es zusammen mit Roßhaar verarbeitet oder die „Hòòrrobber" fertigten Pinsel daraus an.
auch:
Meertener Kläpperten (Mertener Schläger)

MORSBACH – MORSCHBACH

Morschbacher Rieweschisser (Morsbacher Rübenscheißer)

Die Gemeinde hat fast nur Sandböden, die sich zum Kartoffel- und Rübenanbau eignen. Rüben waren früher ein häufiges Nahrungsmittel. Jetzt ist Morsbach vorwiegend Industrieort.

auch:

Morschbacher Kulleköpp (Morsbacher Kaulquappen)

'Morschbacher Kullenköpp
Sinn doch lutter arme Tröpp!' (Rohr S. 370)
(Morsbacher Kaulquappen
Sind doch nur arme Tröpfe!)

MOUTERHOUSE – MUTERHUUSE

Muterhuuser Kommodbrunser (Muterhuser Kommodenbrunzer)

Früher legten die Frauen in manchen armen Gegenden Wickelkinder in die oberste Schublade einer besonderen Art von Kommode, deren Abdeckplatte Luftlöcher hatte. Die Säuglinge konnten nicht herausfallen und waren sicher vor Tieren, die sie während der Abwesenheit der Mutter hätten beißen oder fressen können.

auch:

Muterhuuser Kuhbeck (Muterhuser Ochsen)

In bergigem Gelände wurden häufig Ochsen als Zugtiere benutzt.

PETIT RÉDERCHING – KLÄN REDERSCHENGE

Die Landgode (Die Landkatenbewohner)

Rohr deutet 'Landgode' als Katenbewohner auf dem Land. Als Kate wurde ursprünglich eine Höhle oder eine Wohngrube bezeichnet, die mit Flechtwerk abgedeckt war. Später wurde ein ärmliches kleines Haus Kate, Kote oder Kotten genannt. Im Mittelalter lebten die Aussätzigen außerhalb der Orte in solchen Katen oder Hütten. (Vgl. Rohr S. 507)

auch:
Die Flääschdämper (Die Fleischräucherer)

PONTPIERRE – SCHDÄBIDERSCHDROFF – BIDERSCHDROFF

Biderschdrower Bunnesse (Steinbiederstroffer junges Rindvieh)

Im moselfränkischen Sprachraum wird der Name Bunnes für ein halbausgewachsenes Kalb bis zum jungen Rind oder zum jungen Stier benutzt. Junge Mägde und Knechte, die die niedrigsten Arbeiten tun mußten und selbst noch nichts zu sagen hatten, wurden ebenfalls Bunnes genannt. Bunnesjen war auch Kosewort für Kinder. (Vgl. RhWB I S. 1128)

auch:
Die Hämbische (Die Hainbuchenköpfe)

Hainbuchenholz ist ziemlich hart. Härte zeigten die Untertanen der Herren von Kriechingen immer wieder, wenn sie sich ihre Rechte nicht weiter beschneiden lassen wollten.

RAHLING – RAALINGE – LALLING

Die Lallinger Lille-Lolle (Die Rahlinger Lille-Lolle)

’D ’Lallinga sen ken Wahle,
se sen Lille-Lolle
Bis uf de Bolle.’ (Rohr S. 511)
(Die Rahlinger sind keine Welschen,
Sie sind Lille-Lolle
Bis in den Boden.)

Bolle sowie Lille-Lolle sind eigenartige Wörter.
Im Nördlichen Saarland und in Rheinland-Pfalz gibt es
größere Landstriche, wo Wörter, die zwischen den Selbstlauten ein „d“ haben, mit „r“ gesprochen werden wie
„Boddem“ = „Borrem“ (Boden). Dort wird also „d“ zu „r“.
Unter bestimmten Bedingungen wechselt „r“ auch mit
dem verwandten „l“.
Rahling ist 1150 als „Radinga“ erwähnt. Es gehört sprach-
lich zu einem kleinen Gebiet im Bliesgau und im Bitscher Land, in dem Wörter, die sonstwo mit „d“ gesprochen werden, „l“ haben wie „Boddem“ = „Bolle“ (Boden).

In althochdeutscher Zeit wurden in Grenzgebieten Menschen, die keine germanische, sondern eine romanische
Sprache sprachen, als Wahlen = Welsche bezeichnet. „Lille-Lolle“ ist der Gegensatz dazu und muß hier „deutsch
Sprechende“ bedeuten. Im Spottvers ist das Doppelwort
kaum schmeichelhaft. Rohr schlägt die Übersetzung
„kleine Leute“ vor. „Klein“ habe auch den Sinn von „ge-
mein“ oder „niederträchtig“. Es gibt noch andere Erklä-
rungsversuche, die aber auch nicht befriedigend sind.

REMELFANG – RÄMELFANGEN

Rämelfanger Gipskepp (Remelfanger Gipsköpfe)

Früher gab es auf dem Bann des Ortes mehrere Gipsgruben. Die Arbeiter sollen nur selten den weißen Gipsstaub aus ihren Haaren gewaschen haben und damit auch zu Festen in umliegende Dörfer gegangen sein.

REMERING-lès-HARGARTEN – REMERING

Die Ääntserte (Die Jammerer)

> 'Die Prangerten han keïn Brot,
> On die Anzerten han keïn Not.' (Rohr S. 220)
> (Die Prahler haben kein Brot,
> Und die Jammerer haben keine Not.)

auch:
Die Kurwelköpp (Die Korbköpfe)

Eine „Kurwel" kann ein gewöhnlicher Korb sein, aber auch ein Brotteigkorb für ein großes Bauernbrot. Die Remeringer werden anscheinend als ganz besonders große Dickköpfe angesehen.
auch:
Die Ä.ischerten (Die Ä.isch-Sager)

Die Remeringer Ä.ischerten sollen nichts mit Eichhörnchen zu tun haben. In vielen moselfränkischen Dörfern sagt man „ä.isch" statt „ich"; daher komme der Uznamen.

ROTH – ROOD

Die Kurrentesänger (Die umherziehenden Sänger)

Zur Reformationszeit zogen fromme Protestanten umher, um die Lieder des neuen Glaubens zu verbreiten.
auch:
Die Pumpjee (Die Feuerwehr)

1897 brannten in Roth zwei Häuser ab, weil die Feuerwehr aus der Gemeinde Hambach angeblich zu langsam war. Nach einem längeren Streit durfte eine der beiden Feuerspritzen in Roth bleiben. Genau ein Jahr später brannten die beiden gerade aufgebauten Häuser in Roth wieder bis auf die Grundmauern nieder, obwohl die Rother Feuerwehr die Spritze am Ort hatte. Seit damals macht sich die Umgebung über die Rother Feuerwehr lustig.

ST. AVOLD – SANTAFOOR

Die Lilotscher (Die Hänflinge)

'Geh jihr bit, Lilottscher fangen,
flügg oda nit fligg,
sie mun doch bit.

Marie-Barb, tu d' Jup ohn,
mah gehn en d'n jardin spazr'ne;
de Grandpapa geht oich bit.' (Rohr S. 380)

(Geht ihr mit Hänflinge fangen,
Flügge oder nicht flügge,
sie müssen doch mit.

Marie-Barbara, zieh deine Jacke an,
wir gehen in den Garten spazieren;
der Großvater geht auch mit.)

„Lilottscher" kommt von dem französischen Wort „linot-
tes" (Hänflinge). Das „n" der zweiten Silbe hat sich dem
„l" der ersten Silbe angeglichen.

ST. FRANÇOIS – FRANZ

Franzer Schalaaken (Franzer Slowaken)

Das Wort „Schalaaken" erinnert an den 30-jährigen
Krieg, als Soldaten verschiedenster Herkunft raubend
und mordend durch das Land zogen. Die Rodlacher verspotteten die Franzer wie folgt:

Franzer Schalaaken
Met dn dicken Ärschbaaken,
Met dn rooden Hoosen,
Der Daiwel soll isch hoolen.

(Franzer Slowaken
Mit den dicken Arschbacken,
Mit den roten Hosen,
Der Teufel soll euch holen.)

In der Umgebung ist dieser Spruch bekannt:

Franz – Armut
Kraits (Lacroix) – Elend
Ro.udlach hot ka Bro.ut.
Naudorf laid keng No.ut.

(Franz – Armut
Kreuz – Elend
Rodlach hat kein Brot.
Neudorf leidet keine Not.)

Diese vier Orte wurden im 16./17. Jahrhundert als Rodungsdörfer in großen Waldgebieten gegründet. Nach Rohr könnte der Vers zwischen 1634 und 1685 entstanden sein. Neudorf war in dieser Zeit völlig zerstört und menschenleer. So konnte dort niemand Not leiden. Erst nach 1685 wurde der Ort wieder neu besiedelt. (Vgl. Rohr S. 224)

SARREGUEMINES – SAARGEMINN

Saargeminner Kaffeebintse (Saargemünder Kaffee- kannen)

Etwa um 1830 verbreitete sich die Mode des Milchkaffee- trinkens in Lothringen und löste die Morgensuppe ab. Die Bessergestellten in dem größeren Ort waren tonan- gebend. Das ist wohl die Ursache für den Spottnamen.
auch:
Saargeminner Fòòtsen (Saargemünder Faxenmacher)

Wegen ihrer Aufschneidereien sollen die Saaargemünder früher mit den Südfranzosen verglichen worden sein.
auch:
Die Kümmelschisser (Die Kümmelscheißer)
auch:
Die Schleweschisser (Die Schlehenscheißer)

Kümmel- und Schlehenschisser steht im Sinn von Korinthenkacker. Die Wörter sollen kleinliche, engstirnige Menschen verspotten.
auch:
Saargeminner Pumpjee (Saargemünder Feuerwehr)

1802 wurden zwei verschiedene Feuerwehren gegründet, eine Feuerwehr der Stadt und eine Feuerwehr der Faïencerie. Im Laufe der Zeit gab es gelegentlich Rivalitäten zwischen den Chefs der zwei Gruppen.

Saargeminner Pumpjee,
Schillee on un e Fäder om Hut.

(Saargemünder Feuerwehr,
Die Jacke an und eine Feder am Hut.)

SARREINSMING – SAAÄISMINGE

De Schlämbeville (Die Türklinkenstadt)

Um den Leuten einen Streich zu spielen, banden früher junge Burschen eine längere Schnur um einen Holzklotz, hängten ihn an die Klinke einer Haustür, ließen ihn mit einem Bum-bumton anschlagen und liefen davon.

SCHWEYEN – SCHWE<u>IE</u>

Die Päär (Die Pferde)

Das Pferd im Wappen gilt als Symbol der Kraft und der Arbeit. Nach manchen Leuten im Ort geht der Name 'Die Pär' bis in die Kreuzzugszeit zurück. Andere meinen, er stamme aus dem 19. Jahrhundert. Bei einer kirchlichen Feier in Bitsch, zu der die Leute aus den Dörfern der Umgebung in festlich geschmückten Kutschen erschienen, mußte man auf die sehr verspäteten Schweyener lange warten. Als sie schließlich gesichtet wurden, soll ein Mann erleichtert ausgerufen haben: 'Do sen jo di Pär.' (Da sind ja die Pferde.) (Vgl. Rohr S. 540)

SIERCK-lès-BAINS – S<u>II</u>AK

Die Siiaker Esel (Die Siercker Esel)

Sierck ist ein Weinbauort, in dem in früherer Zeit Esel als Arbeitstiere ihre Bedeutung hatten.

Der Ursprung des Namens geht auf einen volkstümlichen Brauch der niederen Gerichtsbarkeit im Hohen Mittelalter zurück. Nach Zustimmung der Obrigkeit wählten die jungen Männer einige aus ihrem Kreis aus, die über kleinere Übertretungen und Delikte zu Gericht saßen. Am Tag der Kirmes wurde der zur höchsten Strafe Verurteilte in Lumpen gehüllt und auf einen Esel gesetzt. Vom Henker begleitet und von den Zuschauern verspottet, zog er inmitten eines festlich geschmückten Reiterzugs zur Richtstätte. Dort wurde er symbolisch enthauptet, das heißt, er erhielt einen Schlag mit einem hölzernen Schwert auf den Hals und konnte dann seinem Schicksal überlassen werden. Er blieb solange gemieden und ausgestoßen, bis seine Strafe abgebüßt war.

'Der den Siercker Wein net ehert,
Den hat net davon probehert;
Fir die deck Leït, die dempich sin,
Fir die moahr Leït, die mackich sin,
Wann den Appetit soll manken,
Wann tritt e Reissen en de Schanken,
Schnell e Pätchen Wein erbei,
Dann ass de Sach gleïch on der Reïh!' (Rohr S. 616)

(Wer den Siercker Wein nicht ehrt,
Der hat nicht davon probiert;
Für die dicken Leute, die asthmatisch sind,
Für die mageren Leute, die unzufrieden sind,
Wenn der Appetit fehlen sollte,
Wenn Rheuma in den Beinen ist,
Schnell ein Krüglein Wein herbei,
Dann ist die Sache gleich wieder in Ordnung!)

SPICHEREN – SCHBISCHERE

Die Molleeskepp (Die Stierköpfe)
auch:
Die Dreggfergele (Die Dreckferkel)
auch:
Die Risser (Die Sprücheklopfer)

Unweit von Saarbrücken verläuft die Grenze zu Lothringen, der Spicherer Berg ist von Saarbrücken aus zu sehen.

In Saarbrücken gibt es folgende Redensart für einen Hab-
gierigen:
'Hol alles bis an de Spicherer Berg und dene noch mit.'
(Nimm alles bis an den Spicherer Berg und den noch
mit.) In Gersweiler heißt es:
'Der holt alles bis an de Spicherer Berg.' (Rohr S. 384)
(Der nimmt alles bis an den Spicherer Berg.)

STIRING-WENDEL – SCHDIIRINGE

Die Schdiiringer Sandhase (Die Stiringer Sandhasen)

Die sehr alte Bezeichnung Sandhasen wird in Gegenden
gebraucht, wo Sandböden sind. Diese sind weniger
fruchtbar als die Kalkböden der weiteren Umgebung.

VALMUNSTER – WALMÜSCHDER

Die Dippeschisser (Die Topfscheißer)

Weil es in früheren Zeiten in ärmeren Dörfern keine Ab-
orts gab, um die Notdurft zu verrichten, behalf man sich
besonders nachts mit ausgedienten Töpfen oder Eimern,
die später auf den Misthaufen entleert wurden.

VAUDRECHING – WAALERSCHEN

Waalerscher Brockelfresser (Walercher Brockenesser)

„Brockel" war eine Mahlzeit, die schnell zubereitet werden konnte, nicht viel kostete und besonders im Sommer
als Abendessen beliebt war. Sie bestand meist aus Dick-

milch oder Milch mit hinein gebrocktem Brot. Oft wurden Zimt und Zucker hinzugefügt. Auch Dickmilch allein wurde in manchen Gegenden „Brockel" genannt.

auch:

Waalerscher Intentaschderten (Walercher Ententaster)

Bevor die Enten an den nahen Bach watscheln durften, wurde ihr Leib abgetastet. Wenn die „Ententaster" ein Ei fühlten, mußten die Tiere im Stall bleiben, bis das Ei gelegt war. So vermied man es, daß die Enten Nester im Gebüsch anlegten und dort brüteten.

VOLMERANGE-lès-MINES – WOLMERINGEN

Die Fräschefängkerten (Die Froschfänger)

So hießen die Wolmeringer seit jener Zeit, da das Kloster St. Denis dort Besitzungen hatte. Wenn kirchliche Würdenträger zu Besuch kamen und über Nacht blieben, dann mußten die Kinder zweier dazu bestimmter Familien den Fröschen das Quaken verleiden, indem sie immer wieder mit Ästen ins Wasser schlugen. Die geistlichen Herren konnten dann ungestört schlafen.

WALSCHBRONN – WALSCHBRONN

Die Petrolsääscher (Die Petroliumpisser)

Unter Friedrich Barbarossa soll schon eine Badeanlage mit bitumen- und schwefelhaltigem Wasser in Walschbronn gewesen sein. 1590 stieß man bei Ausgrabungsarbeiten auf Reste einer alten Anlage aus der Römerzeit, die dann restauriert wurde. Im 17. Jahrhundert verfiel die Anlage. Als sie 1755 wieder erneuert werden sollte, fand man die alten Quellen nicht mehr. Auch Grabungen in den Jahren 1935 sowie 1948 blieben erfolglos. Der Spottname soll aus dem 18. Jahrhundert stammen. Die Leute hätten damals die Grabungen mit Petroleum in Verbindung gebracht und sich über die vergebliche Mühe der Behörden lustig gemacht. Man müsse sich Petroleum selber auf menschliche Weise beschaffen, dann hätte man welches. (Vgl. Rohr S. 548)

auch:

Die Surkruttpänts (Die Sauerkrautwänste)

auch:

Die Gellerieweschwänts (Die Gelbrübenschwänze)

WALDWISSE – WALDWIES – WIESS

Wiesser Ko.upen (Waldwiesser Krähen)

Im Moselfränkischen werden Saatkrähen Ko.upen genannt. Sie gehören zu den Rabenvögeln und sind Raben sehr ähnlich. In der Grenzregion des Kreises Merzig ist der Spruch lebendig:
De dä.ilscht wie die Wiesser mit de Ko.upen.
(Du teilst wie die Waldwieser mit den Krähen.)
Drei Jungen aus dem Ort wollten junge Krähen fangen und gingen deshalb zu den Pappeln, in denen Krähen gerne nisten. Einer entdeckte ein Nest, kletterte hoch und brachte drei junge Vögel zurück. Die beiden andern Jungen wollten je eine Krähe als Anteil haben. Aber der pfiffige Krähenjäger soll alle drei Vögel mit folgender Erklärung für sich behalten haben:

„Aenen als Finnerlohn,
Aenen als Klimmerlohn
Un aene fiir mein Däl."

(Einen als Finderlohn,
Einen als Kletterlohn
Und einen als mein Anteil.)

auch:
Die Schdehkragen (Die Stehkragen)

WOELFLING – WÄLFLINGE

Die Muurwelf (Die Maulwürfe)

Maulwürfe gelten als nimmermüde Wühler. Sie sind
Sinnbild für Bauern, die Tag und Nacht arbeiten.

ZIMMING – SIMMINGEN

Die Simminger Watsen (Die Simminger Wat-Sager)

Im moselfränkischen Sprachraum heißen Eber oder Kei-
ler auch „Watsen".
Watsen sind aber auch „Wat-Sager" statt „Was-Sager".
Die Orte Faulquemont-St.Avold-L'Hôpital bilden etwa
die Grenze zwischen diesen unterschiedlichen
Sprachräumen.

BIBLIOGRAPHIE

Arnold, Hermann: Soziale Isolate im Mosel-Saar-Nahe-Raum. Veröffentlichungen des Instituts für Landeskunde des Saarlandes. Heft 10. Saarbrücken 1964.

Bach, Adolf: Die Deutschen Personennamen. Berlin 1943.

Braun, Edith: Niggs, niggs, niggs wie Limmeriggs. Saarbrücken 1987.

Braun Edith/Max Mangold: Saarbrücker Wörterbuch. Saarbrücken 1984.

Conradt, Karl: Die Volkssprache der unteren Saar und der Obermosel – ein moselfränkisches Wörterbuch. Gießen 1975.

Duden: Deutsches Universalwörterbuch. 2. Aufl. Mannheim/Wien/Zürich 1989.

Ewig, Karl: Wie se sich neckse, rund um de Exe. In: Rund um de Exe. Zweibrücker Heimatbrief, Nr. 31. Zweibrücken 1944.

Follmann, Michael Ferdinand: Wörterbuch der deutsch-lothringischen Mundarten. Neudruck der Ausgabe von 1909. Niederwalluf b. Wiesbaden 1971.

Fox, Nikolaus: Saarländische Volkskunde. Nachdruck der Ausgabe von 1927. Saarbrücken 1979.

Gemeinden für Bürger. Gemeinden des Saarlandes nach der Gebiets- und Verwaltungsreform. Hrsg.: SAARLAND Der Minister des Innern. o.J. (1974 o. später).

Groß, Markus: Das Moselfränkische von Hüttersdorf. Saarbrücken 1990.

Koch, Hans-Jörg: Blarrer Zappe Ledderköbb. Ortsneckereien aus Rheinhessen. Alzey 1984.

Kreis, Peter: De.iffler Stickelcher. Dillingen 1973.

Lehnert, Aloys: Von saarländischem Volkshumor und Volkswitz. Saarbrücken 1965.

Moser, Hugo: Schwäbischer Volkshumor: Neckereien in Stadt und Land, von Ort zu Ort. 2. Aufl. Stuttgart 1981.

Müller, Rainer: Unser Faasenacht. Saarbrücken 1984.

Ortsbuch der Bundesrepublik Deutschland. Verlag für Standesamtswesen. Frankfurt a.M. 1981.

Pfälzisches Wörterbuch. Wiesbaden 1965 –

Rheinisches Wörterbuch. Bonn/Berlin 1928-71.

Rohr, Paul: Blasons Populaires et autres Survivances du Passé. Nice 1970.

Schön, Friedrich: Wörterbuch der Mundart des Saarbrükker Landes. Nachdr. d. 2. Aufl. 1928. Saarbrücken 1971.

Seebach, Helmut: Die Necknamen, Neckverse und Neckerzählungen der pfälzischen Dörfer, Städte und Landschaften. Annweiler-Queichhambach 1983.

MITARBEITER DER MUNDART-WERKSTATT

Marcel Barthen, Mundart-Autor, Stiring-Wendel
   (Lothringen)
Gisela und Horst Becker, Saarbrücken
Günther Becker, Blieskastel
Maria Becker-Meisberger, Mundart-Autorin, Blieskastel
Josef Biegel, Oberthal
Edith und Michael Breit, Dudweiler
Rosa Breit, Bexbach
Walburga Brögeler, Rohrbach
Guido Defland, Mundart-Autor, Brücken (Pfalz)
Hildegard Driesch, Dillingen
Uschi Edelmann, Quierschied
Jean Engels, Edling (Lothringen)
Gretel Fischer-Becker, Mundart-Autorin, Pachten
Alois Fixemer, Tettingen
Georg Fox, Mundart-Autor, Püttlingen-Köllerbach
Mia Gaspar, Merzig
Eugen Grittmann, Honzrath
Alma Groß, Hüttersdorf
Gerda Hahn, Herbitzheim
Martin Haupert, Neunkirchen
Anneliese Hautz, Alschbach
Anna Maria Herrmann, Spiesen
Erna Herrmann, Saarbrücken
Fritz Herrmann, Saarbrücken
Paul Herrmann, Niederlinxweiler
Theo Herrmann, Saarbrücken
Axel Herzog, Mundart-Autor, Dudweiler
Richard Hilgers, Gersweiler

Ida Hoffmann, Friedrichsthal
Peter Hollinger †, Rohrbach
Paula Hungar, Saarbrücken
Irma Jacob, Scheidt
Maria Johann, Überroth
Benno Jung, Saarlouis
Jean-Louis Kieffer, Mundart-Autor, Filstroff
  (Lothringen)
Inge Kraus, Miesau (Pfalz)
Heinrich Kraus, Mundartdichter, Miesau (Pfalz)
Gerd Krieger, Mundart-Autor, Kusel (Pfalz)
Karl-Ludwig Kurtz, Heusweiler
Karin Luck, Saarwellingen
Hermine Meiser, Urexweiler
Rosemarie Meyer, Heusweiler-Berschweiler
Michel Mohr, Heimatforscher, Sitterswald
Eugen Motsch, Mundart-Autor, Rohrbach
Karlfried Müller, Neunkirchen
Werner Müller, Zweibrücken
Ruth und Vinzenz Nilles, Haustadt
Irmgard Paul-Herrmann, Saarbrücken
Jean-Marie Pira, Pontpierre (Lothringen)
Lieselotte Reinert, Weiskirchen
Hilaria und Peter Ringwald, Rohrbach
Thomas Ringwald, Rohrbach
Marianne und Kurt Schmidt, Erdesbach (Pfalz)
Gertrud Schwöbel, Bliesransbach
Alfons Schug, Dörsdorf
Frau Schuhmacher, Gronig
Dr. Felix Söll, Homburg
Hans Georg Staab, St. Ingbert
Waltraud und Günter Stein, Erdesbach (Pfalz)

Albert Thomalla, Oberthal
Else und Peter Veit, Bosen
Luise Vogelgesang, Bliesransbach
Dieter Zenglein, Dittweiler (Pfalz)
Rita Zorn, Mundart-Autorin, Völkingen-Geislautern

VERZEICHNIS DER ORTE NACH KREISEN BZW. ARRONDISSEMENTS

KREISE UND GEMEINDEN DES SAARLANDES

Stadtverband Saarbrücken

Friedrichsthal (Stadt)
Großrosseln (Gemeinde):
    Dorf im Warndt, Emmersweiler, Großrosseln, Karlsbrunn, Naßweiler, St. Nikolaus
Heusweiler (Gemeinde)
    Eiweiler, Heusweiler, Holz, Kutzhof, Niedersalbach, Obersalbach-Kurhof, Wahlschied
Kleinblittersdorf (Gemeinde)
    Auersmacher, Bliesransbach, Kleinblittersdorf, Rilchingen-Hanweiler, Sitterswald
Püttlingen (Stadt)
    Püttlingen, Köllerbach
Quierschied (Gemeinde)
    Fischbach-Camphausen, Göttelborn, Quierschied
Riegelsberg (Gemeinde)
    Riegelsberg, Walpershofen
Saarbrücken (Landeshauptstadt)
    Altenkessel, Bischmisheim, Brebach-Fechingen, Bübingen, Ensheim, Eschringen, Gersweiler, Güdingen, Klarenthal, Schafbrücke, Scheidt, Dudweiler
Sulzbach/Saar (Stadt)
Völklingen (Mittelstadt)
    Lauterbach, Ludweiler, Völklingen

Landkreis Merzig-Wadern

Beckingen (Gemeinde)
Beckingen, Düppenweiler, Erbringen, Hargarten, Haustadt, Honzrath, Oppen, Reimsbach, Saarfels

Losheim (Gemeinde)
Bachem, Bergen, Britten, Hausbach, Losheim, Mitlosheim, Niederlosheim, Rimlingen, Rissenthal, Scheiden, Wahlen, Waldhölzbach

Merzig (Kreisstadt)
Ballern, Besseringen, Bietzen, Brotdorf, Büdingen, Fitten, Harlingen, Hilbringen, Mechern, Menningen, Merchingen, Merzig, Mondorf, Schwemlingen, Silwingen, Weiler, Wellingen

Mettlach (Gemeinde)
Bethingen, Faha, Mettlach, Nohn, Orscholz, Saarhölzbach, Tünsdorf, Wehingen, Weiten

Perl (Gemeinde)
Besch, Borg, Büschdorf, Eft-Hellendorf, Nennig, Oberleuken-Keßlingen-Münzingen, Oberperl, Perl, Sehndorf, Sinz, Tettingen-Butzdorf-Wochern

Wadern (Gemeinde)
Bardenbach, Büschfeld, Buweiler-Rathen, Dagstuhl, Gehweiler, Kostenbach, Krettnich, Lockweiler, Morscholz, Noswendel, Nunkirchen, Oberlöstern, Steinberg, Wadern, Wadrill, Wedern

Weiskirchen (Gemeinde)
Konfeld, Rappweiler, Thailen, Weierweiler, Weiskirchen

Landkreis Neunkirchen

Eppelborn (Gemeinde)
    Bubach-Calmesweiler-Macherbach,   Dirmingen,
    Eppelborn, Habach, Hierscheid, Humes, Wiesbach
Illingen (Gemeinde)
    Hirzweiler, Hüttigweiler, Illingen, Uchtelfangen,
    Welschbach, Wustweiler
Neunkirchen/Saaar (Kreisstadt)
    Hangard, Münchwies, Neunkirchen, Wiebelskirchen
Ottweiler (Stadt)
    Fürth, Lautenbach, Mainzweiler, Ottweiler, Steinbach
Schiffweiler (Gemeinde)
    Heiligenwald,   Landsweiler-Reden,   Schiffweiler,
    Stennweiler
Spiesen-Elversberg (Gemeinde)
    Elversberg, Spiesen

Landkreis Saarlouis

Dillingen/Saar (Stadt)
Lebach (Gemeinde)
    Aschbach, Dörsdorf, Eidenborn, Falscheid, Gresau-
    bach, Knorscheid, Landsweiler, Lebach, Niedersau-
    bach, Steinbach, Thalexweiler
Nalbach (Gemeinde)
    Bilsdorf, Körprich, Nalbach, Piesbach
Rehlingen (Gemeinde)
    Biringen, Eimersdorf, Fremersdorf, Fürweiler, Gerl-
    fangen, Hemmersdorf, Niedaltdorf, Oberesch, Reh-
    lingen, Siersburg
Saarlouis (Kreisstadt)

Saarwellingen (Gemeinde)
Reisbach, Saarwellingen, Schwarzenholz
Schmelz (Gemeinde)
Dorf, Hüttersdorf, Limbach, Michelbach, Primswei-
ler, Schmelz
Schwalbach/Saar (Gemeinde)
Bous, Elm, Ensdorf, Hülzweiler, Schwalbach
Überherrn (Gemeinde)
Altforweiler, Berus, Bisten, Felsberg, Überherrn
Wadgassen (Gemeinde)
Differten, Hostenbach, Schaffhausen, Wadgassen,
Werbeln
Wallerfangen (Gemeinde)
Bedersdorf, Düren, Gisingen, Ihn-Leidingen, Itters-
dorf, Kerlingen, Rammelfangen, St. Barbara, Waller-
fangen

Saar-Pfalz-Kreis

Bexbach (Stadt)
Bexbach, Frankenholz, Höchen, Kleinottweiler, Nie-
derbexbach, Oberbexbach
Blieskastel (Stadt)
Altheim, Aßweiler, Ballweiler, Bierbach, Biesingen,
Blickweiler, Blieskastel, Böckweiler, Breitfurt, Bren-
schelbach, Mimbach, Neualtheim, Niederwürzbach,
Webenheim, Wolfersheim
Gersheim (Gemeinde)
Bliesdalheim, Gersheim, Herbitzheim, Medelsheim,
Niedergailbach, Peppenkum, Reinheim, Rubenheim,
Seyweiler, Utweiler, Walsheim

Homburg/Saar (Kreisstadt)
    Einöd, Homburg, Jägersburg, Kirrberg, Wörschweiler
Kirkel (Gemeinde)
    Altstadt, Kirkel-Neuhäusel, Limbach
Mandelbachtal (Gemeinde)
    Bebelsheim, Bliesmengen-Bolchen, Erfweiler-Ehlin-
    gen, Habkirchen, Heckendalheim, Ommersheim, Or-
    mesheim, Wittersheim
St. Ingbert (Mittelstadt)
    Hassel, Oberwürzbach, Rentrisch, Rohrbach, St. Ing-
    bert

Landkreis St. Wendel

Freisen (Gemeinde)
    Asweiler, Eitzweiler, Freisen, Grügelborn, Haupers-
    weiler, Oberkirchen, Reitscheid, Schwarzerden
Marpingen (Gemeinde)
    Alsweiler, Berschweiler, Marpingen, Urexweiler
Namborn (Gemeinde)
    Baltersweiler, Eisweiler-Pinsweiler, Furschweiler,
    Gehweiler, Hirstein, Hofeld-Mauschbach, Namborn-
    Heisterberg, Roschberg
Nohfelden (Gemeinde)
    Bosen-Eckelhausen, Eisen, Eiweiler, Gonnesweiler,
    Mosberg-Richweiler, Neunkirchen/Nahe, Nohfel-
    den, Selbach, Sötern, Türkismühle, Walhausen, Wol-
    fersweiler
Nonnweiler (Gemeinde)
    Bierfeld, Braunshausen, Kastel, Nonnweiler, Otzen-
    hausen, Primstal, Schwarzenbach, Sitzerath

Oberthal (Gemeinde)
  Gronig, Güdesweiler, Oberthal, Steinberg-Decken-
  hardt
St. Wendel (Kreisstadt)
  Bliesen, Bubach, Dörrenbach, Hoof, Leitersweiler,
  Marth, Niederkirchen, Niederlinxweiler, Oberlinx-
  weiler, Osterbrücken, Remmesweiler, Saal, St. Wendel,
  Urweiler, Werschweiler, Winterbach
Tholey (Gemeinde)
  Bergweiler, Hasborn-Dautweiler, Lindscheid, Neipel,
  Scheuern, Sotzweiler, Theley, Tholey, Überroth-Nie-
  derhofen

KREISE UND GEMEINDEN IN RHEINLAND-
PFALZ
(soweit sie in diesem Buch genannt sind)

Landkreis Bad Dürkheim

Wattenheim

Landkreis Bernkastel-Wittlich

Thalfang (Verbandsgemeinde)
  Gusenberg, Hermeskeil

Landkreis Birkenfeld

Baumholder (Verbandsgemeinde)
  Baumholder (Stadt), Berglangenbach, Berschweiler, Ek-
  kersweiler, Hahnweiler, Heimbach, Leitzweiler, Mettweiler, Neubrücke, Rohrbach, Rückweiler, Weiersbach

Birkenfeld (Stadt)
Idar-Oberstein (Stadt)

Landkreis Kaiserslautern

Miesau
Landstuhl
Sickinger Höhe
Vogelbach

Landkreis Kusel

Altenglan (Verbandsgemeinde):
    Altenglan, Bedesbach, Bosenbach, Erdesbach, Mühl-
    bach, Rammelsbach, Rutsweiler a. Glan, Ulmet,
    Welchweiler
Glan-Münchweiler (Verbandsgemeinde)
    Langenbach, Quirnbach, Wahnwegen
Kusel (Verbandsgemeinde)
    Blaubach, Bledesbach, Dennweiler-Frohnbach, Die-
    delkopf, Etschberg, Körborn, Kusel(Stadt), Pfeffel-
    bach, Reichweiler, Thallichtenberg, Theisbergstegen
Lauterecken (Verbandsgemeinde)
    Cronenberg, Eschenau, Heinzenhausen, Hoppstäd-
    ten, Lauterecken (Stadt), St. Julian
Schönenberg-Kübelberg (Verbandsgemeinde)
    Altenkirchen, Brücken, Dittweiler, Gries, Kübelberg,
    Ohmbach
Waldmohr (Verbandsgemeinde)
    Breitenbach, Waldmohr
Wolfstein (Verbandsgemeinde)
    Mackenbach, Wolfstein (Stadt)

Landkreis Pirmasens

Hauenstein
Pirmasens (Stadt)
Pirmasens-Land (Verbandsgemeinde)
    Bottenbach, Vinningen
Thaleischweiler-Fröschen (Verbandsgemeinde)
    Fehrbach, Petersberg
Wallhalben (Verbandsgemeinde)
    Biedershausen, Herschberg, Schmitshauser Höhe
Zweibrücken (Stadt)
Zweibrücken-Land (Verbandsgemeinde)
    Auerbach, Battweiler, Contwig, Dietrichingen, Groß-
    steinhausen, Käshofen, Kleinbundenbach, Mausch-
    bach, Riedelberg, Rosenkopf, Stambach, Wattweiler

Landkreis Trier-Saarburg

Biewer
Dilmar
Gusenburg
Pellingen
Pfalzel
Saarburg (Verbandsgemeinde)
    Ayl, Biebelhausen, Kirf, Taben

ARRONDISSEMENTS UND GEMEINDEN IN LOTHRINGEN
(soweit sie in diesem Buch genannt sind)

Arrondissement de Boulay
(101 Gemeinden; Rohr S. 165)

Alzing
Anzeling
Beckerholtz
Bibiche
Boucheporn
Bouzonville
Colmen
Denting
Faulquemont
Filstroff
Guerstling
Guerting
Hargarten-aux-Mines
Heining-lès-Bouzonville
Holling
Longeville-lès-St. Avold
Menskirch
Merten
Pontpierre
Remelfang
Remering-lès-Hargarten
St.-François-Lacroix
Valmunster
Vaudreching
Zimming

Arrondissement de Forbach
(90 Gemeinden; Rohr S. 319)

Altrippe
Biding
Boustroff
Carling
Cocheren
Diesen
Ernestviller
Farschviller
Folkling
Forbach
Fremestroff
Freyming
Grostenquin
Guenviller
Hilsprich
Hombourg-Haut
L'Hôpital
Lelling
Merlebach
Morsbach
St. Avold
Spicheren
Stiring-Wendel

Arrondissement de Saarebourg
(103 Gemeinden)

Buhl-Lorraine

Arrondissement de Saarreguemines
(70 Gemeinden; Rohr S. 471)

Achen
Bitche
Blies-Guersviller
Bousseviller
Breidenbach
Enchenberg
Guebenhouse
Hambach mit Roth
Hanviller-lès-Bitche
Lemberg
Liederschiedt
Loupershouse
Meisenthal
Mouterhouse
Petit-Réederching
Rahling
Sarreguemines
Sarreinsming
Schweyen
Walschbronn
Woelfling-lès-Sarreguemines

Arrondissement de Thionville-Est
(80 Gemeinden; Rohr S. 555)

Contz-lès-Bains
Entrange
Fixem
Garche

Hettange-Grande
Kirsch-lès-Sierck
Koenigsmacker
Launstroff
Sierck-lès-Bains
Volmerange-lès-Mines
Waldwiese

REGISTER DER ORTSNECKNAMEN

SAAR

Abtrittslecker (St. Ingbert)
Affen (Breitfurt)
Angeber (Erfweiler; Tholey)
Arme (Kirkel)
Atzeln s. Elstern
Baches; Bachwutzen (Elm)
Backofen (Humes)
Bayernknödel (St. Ingbert)
Beebchen (Fraulautern)
Beelees (Ludweiler)
Beenerten (Außen)
Beschbirnen (Bergweiler)
Besenbinder (Niederwürzbach;
    Schwarzenholz; Steinberg)
Birnen (Hostenbach)
Biwweggs (Wecklingen)
Blaufärber (Wadern)
Blauköpfe (Dirmingen; Schwarzenbach)
Blessen (Freisen)
Blümerten (Düppenweiler)
Bohnen(fresser) (Nuhn)
Bohnenpick (Rissenthal)
Bohnenhüttchen (Lautzkirchen)
Bokes s. Fratzen
Bratkartoffelfresser (Limbach)
Breite (Stennweiler)
Brockelfresser (Fraulautern; Hülzweiler)

Brotkurbel (Ormesheim)
Brotkuchen (Scheidt)
Brotsäcke (Oberleuken)
Buulees (Saarlouis)
Coburger (St. Wendel)
Daatchelchen s. Kartoffelpuffer
Dachkater (Frankenholz)
Dampftäler (Saarländer)
Dickköpfe (Pachten; Saarhölzbach)
Dickwänste (Uchtelfangen)
Dreizehn-Vierzehn (Münchwies)
Dosenrutscher, Dosenschieber (Ensheim)
Eichhörnchen (Hüttigweiler; Niedersaubach)
Esel (Berus; Gersheim; Hansenberg)
Elstern (Alt-Saarbrücken)
Entchen (Theley)
Essiglöcher (Werbeln)
Eulenspiegel (Kesslingen)
Fäßchen (Walsheim)
Feechter (?) (Oberkirchen)
Ferkelstößer (Bliesen)
Fladen (Primstal)
Flittchen (Mettlach; Saarbrücken; Saarlouis)
Fratzen (Kostenbach)
Frippchen s. Flittchen
Frechdachs (Wellingen)
Frösche (Besch; Picard; Urweiler)
Fröschefänger (Oberleuken)
Fröschemörder (Brotdorf)
Frühkartoffel (Hassel)
Fünf M (Malstatt)
Gautölpel (Biesingen; Bliesgau)

Gänselöcher (Tünsdorf)
Geißen (Freisen)
Geißendiebe (Holz)
Geißenmutzerden (Bierfeld)
Geißenreiter (Püttlingen; Völklingen)
Gelbrüben (Hanweiler; Marpingen)
Getupfte (Urexweiler)
Glasspatzen (Fenne; Friedrichsthal;
    Luisenthal; St. Ingbert; Wadgassen)
Goldvögel (Differten)
Graule (Webenheim)
Grenobler (Werbeln)
Grommetscheler (Dudweiler)
Grumbeer s. Kartoffel
Hahn (Hausbach)
Hammel; Hämmelchen (Güdesweiler)
Hampeter (Bous)
Handkäse (Fechingen)
Hangkaaler (Eschringen)
Hanjakob (Urexweiler)
Hartfüßer (Ensdorf)
Harzbacken (Fenne)
Häschden (Hargarten)
Hasen (Bliesdalheim; Wolfersheim)
Heckenböcke s. Zecken
Heckenesel (Reichenbrunn)
Heckenholer (Bliesransbach)
Heckenstümpfe (Bliesdalheim)
Heckenscheißer (Bliesransbach)
Heidelbeerstehler (Kirkel)
Helden (Düppenweiler)
Herrgötter (Namborn; Bliesransbach)

Herrschaft (Krettnich)
Hickehacke (Merchingen)
Hierle s. Maikäfer
Hierzen s. Hirschkäfer
Hirschkäfer (Britten; Eiweiler)
Hofer (Reidelbach)
Hochdeutschschwätzer (Dillingen)
Höhlenbewohner (Steinberg)
Holzäpfel (Bübingen)
Holzhauer (Rentrisch)
Horsemänner s. Hirschkäfer
Hühner (Erbringen)
Hühnerkrepperten (Friedrichweiler)
Hundefänger (Roden)
Hundefresser (Dörsdorf; Schwarzenholz)
Hungerberg (Sitzerath)
Hungerleider (Dillingen)
Hunn s. Hahn
Hunnen (Merchingen; Niederwürzbach)
Husaren (Schwalbach)
Hüttenflöhe, Hüttenkloben (Neunkirchen)
Insulaner (Kirkel)
Jettchen (Niederwürzbach)
Jochnägel (Alschbach; Einöd)
Kappesbauern (Rappweiler; Lisdorf)
Kappesköpfe (Alsweiler; Elversberg;
    Güdingen; Köllertal; Lisdorf;
    Remmesweiler)
Käferchen (Fraulautern)
Kälbchen (Steinbach)
Kartoffelbauern (Selbach)
Kartoffelbrei (Reitscheid; Rohrbach)

Kartoffelesser (Rohrbach)
Kartoffelfresser (Ensdorf)
Kartoffelpuffer (Ottweiler)
Kartoffelsäcke (St. Ingbert)
Kartoffelstößer (Reitscheid; Rohrbach)
Kartoffelwänste (Saarwellingen)
Kater (Wochern)
Kaulquappen (Bachem; Haustadt;
    Otzenhausen; Sitzerath)
Kaulquappenköpfe (Bieringen)
Kautsen s. Kaulquappen
Kesselflicker (Altenkessel; Außen; Überlosheim)
Kinder (Kleinblittersdorf)
Kleintiroler (Rubenheim)
Kloben (Hasborn)
Knopfstecken (Aßweiler)
Kolonisten (Bildstock; Elversberg)
Koben s. Krähen
Kotfresser (Spiesen)
Kothähne (Brenschelbach)
Krähen (Auersmacher)
Krampen (Illingen)
Krautscheißer (Ommersheim)
Krawallmacher (Keuchingen)
Krebsfänger (Hüttersdorf)
Kreuzköpfe (Altheim)
Kröten (Karlsbrunn; Mettlach)
Krötenfresser (Mettlach)
Krötenköpfe (Brotdorf)
Kuckucke (Borg; Hassel; Webenheim)
Kühe-Scheltende, Kühe-Schläger (Bettingen)
Küheschinder (Bettingen; Düppenweiler)

Kuhköpfe (Bubach)

Küken (Oberesch)

Kürstchen (St. Arnual)

Ladenlöcher (Böckweiler)

Langköpfe (Bosen)

Lateiner (Herbitzheim)

Lattenbübchen (St. Ingbert)

Laubscheißer, Lehmscheißer (Püttlingen)

Lerchen (Saarbrücken; Überherrn)

Limonadengenießer (Wadgassen)

Linsenfresser (Besseringen)

Linsenscheißer (Gerlfangen)

Linsentöpfe (Haupersweiler)

Lumpensammler (Lautzkirchen)

Maikäfer (Saarlouis)

Malzochsen (Niederbexbach)

Mangeln (Baltersweiler)

Mangelsköpfe (Sötern)

Maulesel (Oberwürzbach)

Meldenstehler (Jägersburg)

Messerhelden (Thailen)

Messerstecher (Erbach; Losheim; Merchingen;
Rehlingen; Roden; Schwarzenholz; Thailen;
Überlosheim; Wehrden)

Milchbübchen (Fraulautern)

Mohrrüben (Marpingen; Saarhölzbach)

Monstranzenstehler (Marpingen)

Moken s. Kröten

Mücken, Mückenherren (Perl)

Muffländer (Saarländer)

Mütter (Kirkel)

Narren (Bliesmengen; Diefflen;
  Ensdorf; Frankenholz; Piesbach)
Ochsen (Altforweiler; Britten; Reinheim)
Oldenburger (Gonnesweiler; Neunkirchen;
  Nohfelden; Wolfersweiler; Selbach)
Päns s. Frechdachs; Wänste
Pfädchentreter (Braunshausen; Lisdorf)
Pfannkuchen (Diefflen)
Pfarrnickel (Medelsheim)
Pfennige (Theley)
Pferde (Rubenheim)
Pferdefleischfresser (Roden)
Pflasterscheißer (Homburg; Merzig;
  Neunkirchen; Ottweiler; Quierschied; St. Wendel)
Pflugochsen (Bergen)
Pillchen s. Küken
Pinninger (Neualtheim)
Plattfüße (Ensdorf; Fürweiler;
  Mainzweiler; Merchingen)
Popel (Spiesen; Urexweiler)
Porree (Lisdorf; Weiskirchen)
Porreeveredler (Lisdorf)
Pootchen (Orscholz)
Quakenbacher (Brotdorf)
Raben (Namborn; Roschberg; Sinz)
Ratten (Limbach)
Rattenschwänze (Güdingen)
Rebläuse (Kleinblittersdorf)
Rehböcke (Bischmisheim; Rentrisch)
Respen (Fischbach)
Rötelkrämer (Gehweiler; Oberthal)
Rotschwänzchen (Theley)

Rußlöcher (St. Ingbert)
Sackscheißer (Brebach; Gersheim; Ommersheim)
Salatbüschel (Eft)
Salzwänste (St. Arnual)
Sandhasen (Altstadt; Blickweiler; Breitfurt;
    Oberbexbach; Sprengen)
Sauhirten (Sengscheid)
Saunäbel (Höchen)
Schafsköpfe (Schafbrücke)
Schelmenköpfe (Bruchhof)
Spatzen (Biesten)
Speckfresser (Bliesransbach)
Schirmchen (St. Ingbert)
Schmaule (Blieskastel)
Schmetterlinge (St. Arnual)
Schnaken (Wehrden)
Schöpfkellen (Hülzweiler)
Siebmacher (Freisen)
Spitzbuben (Saarbrücken; Saarlouis)
Stallböcke (Blieskastel)
Stare (St. Johann)
Stößer (Bliesen)
Straußnarren (Erfweiler)
Strampeler (Fürth)
Strumfbändel (Bosen)
Texaner (Sitterswald)
Tischdecke (Weiersweiler)
Tollpatsch (St. Arnual)
Töpfchen (Lautenbach)
Topfflicker (Altenkessel)
Topfgießer (Düppenweiler; Schwemlingen)
Totschläger (Malstatt; Thailen)

Türken (Bohnental; Limbach)
Verbrannte Köpfe (Ittersdorf)
Wackersteinköpfe (Wehrden)
Waffeln (Urexweiler)
Waffelwänste (Leitersweiler)
Waldesel (Habach)
Waldteufel (Münchwies)
Wampen (Quierschied)
Wasserhühner (Rehlingen; St. Nikolaus)
Weibchen (Saarbrücken)
Wickewacken (Altheim; Altstadt; Ballweiler;
    Eitzweiler; Eschringen; Grügelborn; Hierscheid;
    Wahlschied)
Wilddiebe (Bliesransbach)
Wind (Dillingen; Haustadt; Lebach; Nohfelden;
    Nonnweiler; Nunkirchen; Otzenhausen;
    Schiffweiler; Tholey)
Windbeutel (Erfweiler)
Würstchen (Wadrill)
Wurstfresser (Nunkirchen; Otzenhausen)
Wurstsuppe (Hangard)
Zecken (Bierfeld)
Zunderlappen (Gennweiler)
Zwiebelfresser, -suppe (Wiebelskirchen)

RHEINLAND-PFALZ

Apfelkompott (Rammelsbach)
Beinpinkeler (Kusel)
Bergflegel (?) (Reichweiler)
Bergknebel (Berschweiler)
Besenbinder (Heimbach)

Birnen (Biedershausen)
Bockstaller (Wolfstein)
Bohnenstangen (Lauterecken; Rosenkopf)
Bruchkatzen (Bruch)
Bruchkühe (Landstuhl)
Brustlappen (Käshofen)
Buttermilchscheißer (Wattenheim)
C'est ici (Landstuhl)
Elstern (Bledesbach)
Enten (Gries)
Entenreiter (Riedelberg)
Flammkuchen (Bedesbach)
Flittchen (Mackenbach)
Fresser (Hochwald)
Futterläden (Birkenfeld)
Gelbrüben (Breitenbach)
Golem (Hoppstätten)
Hähne (Biewer; Theisbergstegen)
Hechte, blaue (Stambach)
Herzdrücker s. Kartoffelklöße
Herzogsnarren (Zweibrücken)
Hirschkäfer (Blaubach)
Hornochsen (Großsteinhausen)
Horrische (Auerbach)
Hühner (Rutsweiler)
Hüpfer (Pfälzer)
Hutmacher (Kusel)
Kälber (Kirf; Mauschbach)
Kartoffelbreiwänste (Mettweiler)
Kartoffelklöße (Altenglan)
Kartoffelrahmsuppe (Vogelbach)
Käsespatzen (Wattweiler)

Kirschkerne (Erdesbach)

Klickerscheißer (Oberstein)

Knorrenspalter (Hochwald)

Krischer s. Schreihälse

Kröten (Dilmar)

Küchelchen (St. Julian)

Kuckucke (Diedelkopf; Lambsborn)

Kühe (Bosenbach)

Lehmstampfer (Bottenbach)

Manschettenbauern (Sickinger Höhe)

Messer (Thallichtenberg)

Nebel (Contwig)

Platte, glutheiße (Kübelberg)

Possknöpfe (Altenkirchen)

Quarklappen (Idar)

Raben (Algenroth; Ayl)

Ratten (Ohmbach)

Rauhe (Battweiler)

Rübenschwänze (Langenbach)

Rucksacksaarländer (Hochwald)

Russen (Petersberg)

Salztupfer (Miesau)

Sandhasen (Dietrichingen; Körborn; Miesau)

Schlappenflicker (Pirmasens)

Schnecken (Biebelhausen; Taben)

Schreihälse (Pfälzer)

Schweizer (Eckersweiler)

Seddissi s. C'est ici

Sodkäfte (Oberstein)

Spinnenfresser (Weiersbach)

Stehkragen (Waldmohr)

Strumpfbändel (Rutweiler)

Talbewohner (Thallichtenberg)
Tiroler (Ferbach)
Tölpel (Gusenberg)
Tüpfelscheißer (Lauterecken)
Unterhosen, lange (Heinzenhausen)
Viezarsch (Pfalzel)
Vorberg-Tiroler (Reichweiler)
Wackersteinpicker (Pfeffelbach; Rammelsbach)
Wackersteinwänste (Heinzenhausen; Hoppstätten)
Waffeln (Altenkirchen; Mühlbach)
Wänste (Maßweiler)
Wassersemmeln (Oberstein)
Wickewacken (Kleinbundenbach; Rosenkopf)
Wilde (Dennweiler-Frohnbach)
Wunder (Eschenau)
Wurstbändel, Wurstzipfel (Rammelsbach)
Zecken (Cronenberg; Vinningen)
Zwetschenkuchen (Herschberg)

LOTHRINGEN

Ääntserte (Rémering-lès-Hargarten)
Ääscherde (Cocheren)
Aischerde (Hombourg-Haut)
Ä.ischerten (Rémering-lès-Hargarten)
Bääsebinner (L'Hopital; Merten)
Bachferkel (Anzeling)
Bachwasser (Hombourg-Haut)
Bankerte (Frémestroff)
Bärwele (Achen)
Bängel (Garche)
Besekrämer (Cocheren)

Betscheln (Koenigsmacker)
Blòòsarsch (Bitche)
Blotserde (Achen)
Bo.ischlabbe (Lemberg)
Botterfresser (Bouzonville)
Bräätäärscher (Guerstling)
Brockelfresser (Vaudreching)
Bum-Bum (Holling)
Bunnesse (Pontpierre)
Daabes (Contz-lès-Bains)
Delpessen (Launstroff)
Deppege.ißer (Heining-lès-Bouzonville)
Dibbekääs (Hanviller)
Dickkepp (Altrippe)
Dippeschisser (Valmunster)
Dootschleejer (Filstroff)
Dreggfergele (Spicheren)
Eggeschdeher (Forbach)
Esel (Sierck-lès-Bains)
Feks (Guerting)
Finschderschdobber (Grostenquin)
Flääschdämper (Petit Réderching)
Flehsäck (Liederschiedt)
Fòòtsen (Sarreguemines)
Fräsche (Buhl-Lorraine)
Fräschfängkerten (Volmerange-lès-Mines)
Gänsscherer (Blies-Guersviller)
Gardebohnen (Kirsch-lès-Sierck)
Gecken (Fixem)
Gellerieweschwänts (Breidenbach; Walschbronn)
Glammrudscher (Guebenhouse)
Gipskepp (Rémelfang)

Grumbierepitscher (Longeville)
Grumbiereschnapser (Longeville)
Hämbische (Pontpierre)
Hämbischekepp (Boucheporn)
Hawerschbatsen (Enchenberg)
Hexemääschdern (Alzing)
Hexen (Altrippe)
Hochmut (Bibiche)
Hòòrrobber (Merten)
Hudler (Faulquemont)
Huulerten (Filstroff)
Intentaschderten (Vaudreching)
Kaffeebintse (Sarreguemines)
Kanonen (Holling)
Kappelberger (Forbach)
Kihklauen (Garche)
Kläpperten (Filstroff; Merten)
Knärreten (Altrippe)
Kommodbrunser (Mouterhouse)
Ko.upen (Waldwisse)
Kriebanksläscher (Alzing)
Krotteschdripper (Boustroff)
Krutschisser (Hambach)
Kuckucken (Beckerholtz)
Kuhbeck (Mouterhouse)
Kulangsääscher (Entrange)
Kulleköpp (Morsbach)
Kümmelschisser (Sarreguemines)
Kurrentesänger (Roth)
Kurwelköpp (Rémering-lès-Hargarten)
Kwätscheflo.usen (Filstroff)
Kwiseler (Contz-lès-Bains)

Labbe (Folkling)
Landgode (Petit Réderching)
Lauderten (Hargarten-aux-Mines)
Liesbick (Merlebach)
Lille-Lolle (Rahling)
Lilotscher (St. Avold)
Lumpen (Hettange-Grande)
Messer (Folkling)
Mitschel (Achen)
Mockevejel (Biding)
Mohren (Merlebach)
Mollee (Hilsprich)
Molleeskepp (Spicheren)
Mondschdibbler (Meisenthal)
Mo.uken (Menskirch)
Muurenschwitser (Hargarten-aux-Mines)
Muurwelf (Woelfling)
Narre (Loupershouse)
Narren (Guerstling)
Nurdjee (Lemberg)
Päär (Schweyen)
Pumpjee (Roth; Sarreguemines)
Petrolsääscher (Walschbronn)
Quackenhackerte (Carling)
Rampartretscher (Bitche)
Rebeller (Denting)
Riewefresser (Folkling)
Rieweschisser (Morsbach)
Risser (Spicheren)
Rohrhinkele (Lelling)
Ropperten (Hargarten-aux-Mines)
Ròòmdepper (Bouzonville)

Sackohre (Ernestviller)
Sacksaischer (Bousseviller)
Salatmul (Guenviller)
Sandhase (Stiring-Wendel)
Schalaaken (St. François)
Schdäänbeck (Guebenhouse)
Schdrepplenger (Bouzonville)
Schläcken (Colmen; Entrange)
Schlämbeville (Sarreinsming)
Schleweschisser (Sarreguemines)
Schdäänesel (Faulquemont)
Schdängfresser (Hettange-Grande)
Schdehkragen (Waldwisse)
Schwinn (Boucheporn)
Schbillmännscher (Alzing)
Supp (Bitche)
Surkruttpänts (Walschbronn)
Trääjit (Farschviller)
Wasserenten (Diesen)
Wasserhenkel (Diesen)
Watsen (Zimming)
Wicke-Wacke (Freyming)

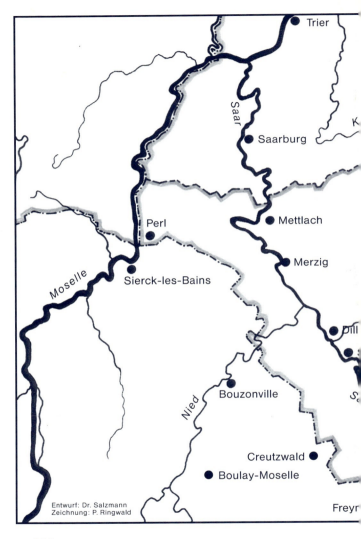

Entwurf: Dr. Salzmann
Zeichnung: P. Ringwald

366

367

INHALTSVERZEICHNIS

IMPRESSUM

CIP-Titelaufnahme der Deutschen Bibliothek
Braun, Edith:
Necknamen der Saar und drum herum / Edith Braun.
Mit einem Vorwort von Lutz Hahn. –
Lebach: Hempel, 1991
(edition Karlsberg: Bd. 13)
ISBN 3-925192-92-1
NE: GT

© 1991 Joachim Hempel Verlag, D-6610 Lebach 7
Alle Rechte vorbehalten.

Lektorat: Alfred Diwersy, Merzig
Buchgestaltung: Aniela Kuenne, Merzig / Trier
Schrift: Garamond Berthold
Papier: Jade matt opak, 80 g: Efalin-Feinleinen

Herstellung: Bliesdruckerei P. Jung GmbH, Blieskastel

Redaktion der Edition Karlsberg: Paul-Weber-Haus
Karlsberg-Verbund, D-6650 Homburg / Saar

Verlag und Vertrieb: Hempel Verlag, D-6610 Lebach 7